深圳市渔业文化系列读物

HAOYUN
SHENZHEN

蚝韵深圳

云海散蚝

深圳市海洋发展局
深圳市渔业发展研究中心　　编
深圳市宝安区沙井蚝民俗文化研究会

羊城晚报出版社
·广州·

图书在版编目（ＣＩＰ）数据

蚝韵深圳 / 深圳市海洋发展局 , 深圳市渔业发展研究中心，深圳市宝安
区沙井蚝民俗文化研究会编 . -- 广州：羊城晚报出版社 , 2024.12
ISBN 978-7-5543-1318-3

Ⅰ . ①蚝… Ⅱ . ①深… ②深… ③深… Ⅲ . ①渔业－文化研究－深圳
Ⅳ . ① F326.476.53

中国国家版本馆 CIP 数据核字 (2024) 第 111707 号

蚝韵深圳
HAOYUN SHENZHEN

责任编辑　王晓娜
责任技编　张广生
装帧设计　深圳市中泓文化传播有限公司
出版发行　羊城晚报出版社
　　　　　（广州市天河区黄埔大道中 309 号羊城创意产业园 3-13B　邮编：510665）
　　　　　发行部电话：（020）87133053
出 版 人　陶　勇
经　　销　广东新华发行集团股份有限公司
印　　刷　深圳市又一彩印刷有限公司
规　　格　787 毫米 ×1092 毫米　1/16　印张 13.5　字数 200 千
版　　次　2024 年 12 月第 1 版　2024 年 12 月第 1 次印刷
书　　号　ISBN 978-7-5543-1318-3
定　　价　58.00 元

序

　　渔业，古老而又新兴的产业，与人类文明的脚步相伴而行、齐步而趋。在人类赖以生存的地球上，百分之七十的面积被海洋覆盖，百分之九十的动物蛋白存在于海洋之中。千百年来，临海而居的人们，张网捕鱼，是一种习惯和本能，是"靠海吃海"的生存之道。

　　深圳濒临南海，三面环海，渔文化源远流长。她虽然是中国最年轻的一线城市，但其海洋渔业历史文化最早可追溯至距今约10000年的新石器时代；后至夏、商、周时期，先民以捕鱼、航海为生；自晋末以来到唐代和五代十国时期，珠江口一带的居民，便有采蚝食蚝的习惯。沙井从宋代就开始插杆养蚝，是世界上最早人工养蚝的地区，至今已有千年历史。

　　在沙井，基本上家家户户都以养蚝为生，总结出采苗、生长、育肥的养蚝技术，在得天独厚的合澜海、前海、后海等3万多亩蚝田里养育出肥美的沙井蚝。新中国刚成立之时，国内经济发展困顿，产业结构基本以农业为主，除了陶瓷、茶叶，沙井蚝便是代表中国出口海外、创造外汇的"宝贝"。沙一、沙二、沙三、沙四社区居民半蚝半农，既种田又养蚝；而蚝一、蚝二、蚝三、蚝四社区居民则全以蚝为生，男人出海做蚝，女人在家开蚝。为了养蚝，不少沙井蚝民在海边搭上几大块稻草当作住处，赤脚捡蚝壳、凿岩石。收成的肥美鲜蚝及上等蚝产品由政府统一收购调拨销售。1956年底，沙井将两个蚝业初级社合并，成立了沙井蚝业高级生产合作社。当年年产鲜蚝近7万担，出口3000多担，蚝田达2万多亩，大小蚝船280多只，蚝业经济量为历史最高。1958年12月，广东省宝安县沙井蚝业生产合作社荣获全国农业社会主义建设先进单位，国务院奖状由时任国务院总理周恩来签发。这是沙井蚝历史上的最高荣誉。

1985年3月，中共中央、国务院发出《关于放宽政策、加速发展水产业的指示》，明确了渔业发展"以养殖为主，养殖、捕捞、加工并举，因地制宜，各有侧重"的方针，提出把加速发展水产业作为调整农村产业结构、促进粮食转化的一个战略措施来部署。省政府在蚝民中贯彻生产承包责任制，取消派购任务，实行产品由生产者自行处理；同时，增加了养蚝水泥的供应。沙井蚝业大队每年定额向市人民政府交纳鲜蚝300担和25万港币（任务蚝按国家收购价收购，港币按国家换汇率折回人民币），多余鲜蚝即运往香港销售。这项政策减少了出口环节，提高了蚝民的经济效益，既促进了特区蚝业生产，又促进了非特区蚝产品的流通。

许久以前，说到蚝，沙井拥有的蚝田和蚝，产量在深圳首屈一指，特别是生蚝经过沙井寄肥塘育肥，品质好，个头大，名气当然就大。但是沙井蚝并非只出产在沙井，宝安的福永、西乡、固戍，南山的北头、陈屋、向南、大涌、湾厦、吴屋、南山、白石洲、后海和福田的下沙、石厦以及香港的流浮山都是养蚝的区域。据民国十六年（1927）《宝安县农业调查报告》称：民国十六年前后，蚝之输出品，约值银元150万。其中第一区（陈屋、向南、大涌、湾下、吴屋、白石洲、后海）20万元。第二区（固戍）2万元。第三区（沙头尾、沙尾）15万元。第四区（沙井、福永）100万元。到民国二十三年（1934），宝安县水产以蚝为大宗，以蚝为生者达万余人，岁值二三百万元。1957年，宝安县的蚝豉产量为24129担，出口干蚝豉达5315担，蚝油1465担，外汇收入港币2030598元。

20世纪90年代初，珠江沿岸农业向"三来一补"加工工业转移，各种工厂排放的工业废水和生活污水不经任何处理，全部直接排入茅洲河，水质恶化，滩涂蜕变，导致沙井蚝生长速度变缓、个头变小，甚至每年都出现不同程度的死蚝现象。为了深圳经济特区的建设，蚝民祖祖辈辈传下来的蚝田被规划成城市建设用地一块一块被征用，蚝民被迫到惠东、阳江、湛江一带去异地养殖。经过多年的调研考察，沙井蚝业选定广东省江门市台山市镇海湾、上下川岛十万多亩海域，走出异地养殖沙井蚝的艰难历程。沙井与台山建成现代发展蚝业产业联盟，即"专业户+合作社+公司+文化"。沙井传授养蚝生产技术，投资兴办蚝场和设施，帮扶专业户建立粗加工蚝产品基地，带动千多户农民成为养蚝专业户。同时，台山为深圳提供优质的鲜蚝原料，成为深圳市"菜篮子"生产基地。2002年，沙井蚝养殖的产业转移已基本完成，95%以上的沙井蚝业养殖已转移到以台山、惠东、阳江等沿海海区养殖生产，实行异地养蚝。沙井蚝产业在台山等地延伸，蚝产品加工、销售、市场保留在沙井。

悠悠养蚝事，探寻原乡情。2008年，"沙井蚝民俗生产习俗"被列入宝安区级首批非物质文化遗产名录，并于2008年，被列入深圳市级非物质文化遗产名录。2022年，"沙井蚝生产习俗"被列入广东省非物质文化遗产名录。2009年，深圳市宝安区沙井蚝文化博物馆建成。2011年，沙井大村十社区成立沙井蚝民俗文化研究会。2004年12月，由宝安区经贸局、文化局、沙井街道办共同举办的首届沙井金蚝节在沙井举行。通过金蚝节推动沙井蚝文化，形成了一个新的蚝业发展模式。如今，"沙井蚝"早已名声在外，不仅给沙井人带来了丰厚的物质财富，还留下了宝贵的精神财富。沙井金蚝节作为广东省旅游文化节的重要组成部分和深圳市"一区一节庆"活动之一，二十年来，其品牌影响力从深圳走向广东，从广东走向全国，已超越了单纯的旅游节庆活动范畴，成了"魅力蚝乡、古韵沙井"的一张闪亮名片。

除了沙井蚝民生产习俗，从深圳本土发源的海洋渔业文化遗产及习俗还有南澳渔民娶亲礼俗、天后庙及其祭典、沙头角鱼灯舞、疍民过年习俗及婚俗、"辞沙"祭妈祖大典、蛇口渔村开丁茶习俗等。诸如此类的深圳人民在各时期源于海洋渔业而生成并传承至今的各种社会实践、观念表达、表现形式、知识、技能以及相关的工具、手工艺品和文化场所，构成了深圳丰富多彩、源远流长的海洋渔业文化，为这座年轻的城市增添了浓浓的色彩和韵味。

现当代时期，深圳市形成了开拓创新、敢想敢试的海洋文化，不断丰富自身文化内涵，逐渐形成包含娱乐休闲的渔业文化、开放包容的海丝文

深圳市委原常委、市政府原副市长杨洪（左三）率领市编办负责同志考察深圳市渔业（2019年）

深圳市规划和自然资源局副局长高尔剑（右）到水产行业企业调研（2022年）

化、自我变革的改革文化、精英荟萃的移民文化、创新引领的科创文化等兼容并蓄的人文资源体系，赋予了深圳市发展海洋城市无限的可能性。

这些人文印记存在于渔村、渔港、渔具、渔民的代代相传中。但是，随着深圳向国际化大都市化迈进，深圳很多蚝村渔村，蚝民洗脚上田，渔民转产上岸后，渔文化的主体——渔民已经渐行渐远，渔文化元素正在消失。个别渔村整体拆除，而渔具、渔法等没有得到很好的保存，传统渔村的风貌没有及时保留下来。目前，熟悉渔业生产、留存渔家生活记忆、传承渔文化技艺活动的基本上是老年渔民，如不把渔文化保护提到重要议事日程，深圳渔业历史的记忆

深圳市规划和自然资源局副局长高
尔剑（左二）到水产企业调研
（2022 年）

深圳市渔业发展研究中心主任钟国
锋、支部书记冯卫权到市水产行业协会
企业深圳市新宝沙水产实业有限公司、
沙井蚝文化博物馆参观交流指导
（2023 年）

很有可能在十年内逐渐消逝，深圳文化将缺失重要的组成部分，会少了一道宝贵的人文风景。因此，对渔文化的保护尤为重要和紧迫，需要沿海各级政府、渔业管理部门和文化管理部门引起高度重视，抓紧收集整理深圳渔文化资源资料，有重要价值的列入国家和省市级非物质文化遗产、农业文化遗产保护名录，关键的建筑、船舶、物品要有计划地收集保存和登记造册，对体现传统智慧的渔业生产活动、渔民生活资料等要予以记录保存。对仅存的传统渔村要尽量进行整体保护，建设美丽渔村。因地制宜建设深圳渔文化博物馆、展示中心和文化教育基地等，通过宣传教育和文化体验，向全社会宣传深圳渔文化，让生态文明和渔文化保护进一步深入人心，让青少年受到教育，让更多群体参与到深圳海洋保护中来。

为进一步全面、系统、客观地记述深圳渔业历史文化，我们首先选取了最具代表性的沙井蚝文化，由深圳市渔业发展研究中心启动《深圳渔业文化系列读物——蚝韵深圳》编撰出版工作。该项工作由深圳市海洋发展局主持，深圳市渔业发展研究中心承办，深圳市宝安区沙井蚝民俗文化研究会具体组织实施。全书分为生物篇、地理篇、历史篇、生产篇、民俗篇、美食篇、文化篇，全面梳理深圳蚝业发展历史和蚝民的生产和生活，纵向写历史讲民俗，横向言家国说人心，以史家情怀、文学手法，将史料、方志熔于一炉，写出"活的历史"，展现一部多彩的深圳沙井蚝业人文画卷。诸如此类深圳渔文化资源收集整理工作，既守护了深圳的渔文化，赓续中华优秀传统文化的精神命脉，也教育了子孙后代要保护好海洋生态环境，留下清洁美丽的大海。

《蚝韵深圳》编委会

2024年7月

目 录 contents

生物篇

SHENGWU PIAN

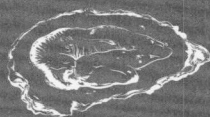

蚝的学名叫作牡蛎

　　蚝是在两广（广东、广西）及海南等华南沿海地区的叫法，在江浙以北至渤海一带的沿海地区，人们一般都称之为牡蛎或海蛎子，在福建沿海及台湾地区的人们称之为蚵仔。

　　分布于两广地区的牡蛎主要为香港牡蛎（拉丁文：Crassostrea hongkongensis），是常见的海洋贝类动物，其分类地位为双壳纲、牡蛎目、牡蛎科、牡蛎属。牡蛎常栖息固着于低潮线以下的岩石上或深度为10～20米的浅海岩石上，常固着于潮间带区域。由于它们是互相连结生在一起的，一蚝一房，所以称为蚝房，古时又称蛎房。它们能随着潮水的涨落开闭，靠海水里丰富的藻类以及浮游生物为生。

香港牡蛎的身份证			
▪别称	海蛎子、蚝	▪学名	Crassostrea hongkongensis
▪门	软体动物门	▪界	动物界
▪目	牡蛎目	▪纲	双壳纲
▪种	香港牡蛎	▪属	牡蛎属
▪英文	Hong Kong oyster	▪分布区域	温带热带海域

蚝的生理结构

牡蛎有两片贝壳，一个小而平，另一个较大而凸起来，看起来非常像个三角形。贝壳的外观看上去凹凸不平，摸起来粗糙感十足。蚝主要有壳和软体两个部分。

蚝壳是外保护器官，兼有摄食、呼吸、生长等间接作用。两片壳以韧带和闭壳肌联系起来，能开能闭。壳分三层：表面是角质层，呈鳞片状；中间是棱柱状，主要成分是钙质；内层叫珍珠层，有光泽。

软体部即蚝肉，内有鳃、唇瓣、生殖腺、闭壳肌、消化系统、循环系统和神经系统等结构。外套膜包围整个软体的外面，左、右各一片，相互对称，外套膜的前端彼此相连接并与内脏团表面的上皮细胞相愈合，具分泌贝壳、专司感觉、调节水流的作用。

鳃是呼吸、过滤和传递食物的器官。

消化器官包括唇瓣、口、食道、胃、消化盲囊、晶杆、肠、直肠和肛门等。

循环系统是开放式的，由围心腔、心脏、副心脏、血管和血液等部分组成。

排泄器官由肾脏许多小管和肾围漏斗组成，左、右各一；此外，围心腔中的某些细胞和吞噬细胞都有排泄废物的功能。

神经系统在幼年时具有脑、足、脏三对神经节，但成体时，由于营固着生活，足部退化，足神经节随之退化。

生殖腺，在繁殖季节可以看到牡蛎内脏团的周围充满了乳白色的物质，就是生殖腺。牡蛎有雌雄异体和雌雄同体现象，也存在同一个体出现性别转化的现象。

蚝的生长周期

过去民间传说，蚝苗是从泥里钻出来的。其实，蚝苗是牡蛎生殖的。蚝将成熟的精子和卵子由生殖管排出体外，卵子在海水中受精，经过约十五天的浮化期，便可以粘固在附着物上，而逐渐育成蚝仔。

牡蛎满1龄，性腺就成熟开始繁殖，牡蛎有雌雄同体和雌雄异体两种。繁殖方式有卵生型和幼生型两种类型。

卵生型牡蛎在繁殖季节，亲体将成熟的精子和卵子排出体外，精子和卵子在海水中受精，经过一段时间的浮游生活之后，附着在其他物体上，固着后变态成为稚贝，大部分养殖种类属此类型。

幼生型牡蛎在繁殖时，亲体将成熟的生殖细胞排出水腔中，依靠排水孔近的外套膜和鳃肌的作用，将生殖细胞压入鳃腔中，并在这里受精，胚胎发育成面盘幼虫后离开母体，在海水中经过一个自由浮游阶段，然后附着变态成为稚贝。

香港牡蛎为卵生型，体外受精，绝大部分为雌雄异体，少量为雌雄同体。性腺成熟时，雄性为乳白色，雌性为淡黄色。香港牡蛎的繁殖盛期为4—6月。在水温25℃时，受精卵经20～22小时发育形成D形幼虫。在水温26.5℃～31.5℃、盐度9.45‰～20.33‰条件下，从产卵到发育成幼苗，需要15～20天。这时应投放附着器，好让幼虫变态附着。蚝苗需要在一定时间内附着，过了时间，蚝苗任意排放用于附着的粘胶物质，以后便难以附着了。

蚝的食料主要是海水中的浮游生物，以浮游硅藻类为主，如圆饰硅藻、舟形硅藻、菱形硅藻和海链硅藻等。

养殖最多的牡蛎种类

牡蛎是世界上养殖数量最多的贝类，目前发现的就有100多种，其中具有商业价值的牡蛎大约有20种，譬如我们耳熟能详的长牡蛎、岩牡蛎、美洲牡蛎、欧洲食用牡蛎等，其中亚洲长牡蛎是众多牡蛎中体型最大的一种，也是全球产量最高的一种牡蛎。

目前，世界生产牡蛎的国家与地区中，中国养殖牡蛎的产量最大，其次为韩国、日本、美国、法国、泰国、菲律宾、加拿大和澳大利亚。2020年牡蛎海水养殖产量达到542.46万吨，相比2019年的522.56万吨增长3.7%，约占全国海水贝类养殖产量的36%，全国海水养殖产量的25%。

中国沿海地区分布着种类多样的牡蛎种群。其中，商业化利用程度最高的是长牡蛎、福建牡蛎、香港牡蛎，熊本牡蛎也有一定的养殖规模。

长牡蛎（Crassostrea gigas）

长牡蛎通常固着于浅海物体或海边礁石上，幼体也能附着其它成体外壳上，牡蛎生活的海底坚硬的区域叫作牡蛎床，层层叠叠生长的牡蛎甚至可以形成牡蛎礁。钙质外壳的形状会根据附着的环境发生变化，整体有凹陷的长圆形，两壳的大小和形状略有差别，壳表面层纹状褶皱粗糙且锐利，外壳为灰白色、金黄色或紫色，壳长可达40厘米。长牡蛎一般为淡淡的甜咸口感，略带有甜瓜、黄瓜或奶油味道。

福建牡蛎（crassosttea gigas angulata）

福建牡蛎与长牡蛎的亲缘关系比其他牡蛎要近，两者之间能顺利杂交，因此也有学者认为它是长牡蛎的南方姊妹种。长期以来，福建牡蛎一直被称为葡萄牙牡蛎（俗称"蛎仔"），主要分布在中国东海区的浙江、福建及粤东地区的潮间带及潮下带浅水区，是闽浙两地的主要养殖种类，也是产量最高的牡蛎。

香港牡蛎（crassosttea hongkongensis）

香港牡蛎就是南方沿海居民俗称的"白肉""大蚝"，主要分布在中国南海的广东、广西和海南，在福建部分河口地区也可能见到其踪迹，是两广沿海地区的主要养殖种类，其产量仅次于福建牡蛎。

近江牡蛎（crassosttea ariakensis）

因其软体部呈暗褐色，中国南方沿海渔民因此称其为"红肉"，历史上曾广泛分布于中国沿海河口水域。2017年，国家贝类产业体系有关专家在黄渤海水域重新发现近江牡蛎自然种群。

熊本牡蛎（Crassostrea sikamea）

这种牡蛎原产于日本九州的熊本县，十分可口。初次品尝牡蛎的人，会感觉熊本牡蛎带有淡淡的海水咸味，随后转为牡蛎本身的鲜甜，这是一股天然清爽的味道，熊本牡蛎适合从未生食过牡蛎或是较少食用牡蛎的人品尝。

熊本牡蛎是著名的小型牡蛎，壳上有着很深的类似碗口状的凹痕，外形像猫爪子一样。它们有着奶油或者说黄油味的浓稠口感，甜甜的、淡淡的，接近坚果的口味，余味还稍稍带着一丝甜瓜香气。

香港牡蛎的分布

沙井蚝属于香港牡蛎，主要产于珠江口的合澜海、后海等地，尤以沙井所产质地最好，因而有"沙井蚝"之称。

香港牡蛎产于亚热带河口海域，在我国主要分布于广东和广西，属广温性、低盐度河口种类贝类，水温月平均周年变化范围3℃～32℃，海水盐度变幅在10‰～30‰。主要分布于低潮线附近至10余米深的浅海区，底质一般以泥为主、沙为辅，在河口上游可为全泥底质。海水盐度较低的河口附近为养殖牡蛎的最佳场地选择。南方俗称"生蚝"和"大蚝"，在华南沿海一带广泛养殖已有700多年的历史，是南方沿海最主要的经济贝类。由于牡蛎外部形态会随着生活环境的改变而发生变化，导致牡蛎的分类一直存在很多争论。

2007年以前有关的文献中提及的近江牡蛎实际上是"白肉"和"红肉"的统称，后由专家学者将其界定为两个独立物种，即"香港牡蛎"和"近江牡蛎"。两者外部形态较为接近，都是巨蛎属大型种，不同的是，香港牡蛎为热带亚热带暖水种，近江牡蛎为河口性广布种，在北温带、亚热带、热带海域均有分布。两者解剖结构等也有明显差异，且近江牡蛎壳型常因栖息环境不同而有较大变化。

目前，香港牡蛎主要产地为广西钦州湾、粤东长沙湾、粤西镇海湾、珠江三角洲的银坑及香港的流浮山（Lau Fau Shan）。其中广西钦州湾和粤西镇海湾是著名的香港牡蛎种苗基地。镇海湾的苗种主要供应其附近海域的牡蛎养殖，而广西钦州湾的牡蛎苗种约有50%运往福建、广东和海南等省。珠江三角洲的银坑蚝场曾经是广东省香港牡蛎养殖的主要基地，也是全省最大的牡蛎养殖场，但近年来珠江三角洲污染严重，导致养蚝场面积越来越小。

香港牡蛎的形态特征：贝壳大、坚厚，外形变化较大。一般为卵圆形或长三角形。左壳附着、较大而厚。右壳（即上壳）略扁平，比左壳（即下壳）小，表面环生极薄而平直的黄褐色或紫褐色鳞片；壳有灰、青、紫、棕等色彩，内面白色，边缘为灰紫色。韧带紫黑色，闭壳肌痕甚大，淡黄色，大多为卵圆形或肾脏形，位于中部背侧。足退化，无足丝。

珠三角一带的蚝民在养殖过程中发现香港牡蛎外套膜颜色有2种：一种肉质呈乳白色或灰白色，称其为"白蚝"，以肉质优良而被视为上品；一种肉质呈黄褐色，称为"红蚝"，广东阳江一带蚝民称其为"黄蚝"。由于肉质暗红，口味差，且含水量高，红蚝的熟制品极大缩水而不受欢迎。红蚝和白蚝生长在同一海域，甚至在同一附着器上，蚝民在生产管理中发现红蚝后，一般都会将其处理掉，因此在养殖区红蚝出现概率较低，约为白蚝的10%左右，市场上出售的几乎全为白蚝。在盐度稍高的自然海区，红蚝出现的概率较高。

牡蛎对生态的贡献

牡蛎不仅是餐桌上的美味佳肴，在其生长过程中，由于强大的滤水能力而发挥着洁净水质的作用，同时，牡蛎礁和牡蛎床的空间结构复杂程度远高于平坦的海底，是鱼类幼体和无脊椎动物的最佳栖息地之一。牡蛎礁不仅可以增加鱼类和底栖生物的数量，也可以增加动物群落的多样性，而鱼类丰度和多样性的增加又可以直接提高鱼类产量，因而有利于休闲垂钓等产业的发展。预测未来大规模养殖牡蛎将在调节全球气候方面发挥重要作用。

牡蛎具有净水能力

成年牡蛎日滤水量高达189升。它们用鳃来过滤水中的营养和水藻，从而达到了净水的效果。过去有一些大型牡蛎养殖场的地方，如康涅狄格海岸上的长岛海峡，牡蛎就被用来净水。在纽约污染最严重的水域，已经明确通过牡蛎来恢复净化水质。

牡蛎群可以为其他海洋生物创造栖息地

当大量的牡蛎聚集在一个地区，它们形成的礁体或河床，反过来又为其他海洋动物，如海葵、小贝类和藤壶等提供了栖息地，这也吸引了小鱼和小虾过来，随后也会吸引更大的鱼前来。

牡蛎养殖场可以抵御气候变化

由牡蛎组成的礁体不仅能净水和创造栖息地，还能吸收80%或更多的波浪能，减轻海岸的洪水和侵蚀，尤其在大风暴来临期间更有价值。而且利用牡蛎比人工的解决方案更加经济。

牡蛎壳可以装饰庭园

生活在沿海地区的人们喜欢用蛤、贻贝和牡蛎壳作为庭园的装饰，但这不只是为了漂亮。当贝壳破裂时，壳会释放钙质到土壤中，从而改善土壤酸碱度，使植物更健康。

牡蛎养殖提高了海洋碳汇能力

工业革命以来（1760—2011年），人为排放二氧化碳2050亿吨。超出自然生态系统固定部分，留存在大气中，部分融入海洋溶进海水中的二氧化碳，或者随河流输入海洋中的有机碳（来源二氧化碳），一部分逐渐沉入海底为沉积物，埋藏在海底，经长时间后进入岩石圈，并向地球深部输入，最终实现"永久封存"；另一部分通过浮游植物或海藻等植物，为蚝等贝类摄食，进入生态系统，不在大气中"游荡"加剧影响气候。

在这个生态系统中，具备加速吸收、固定、移除二氧化碳强大能力的神奇生物，就是以蚝为代表的贝类。牡蛎（蚝）为代表的贝类固碳机制主要为：通过鳃，收集水中有机碎屑（含碳）、浮游植物（固碳）等含碳颗粒。一是不适口的包裹为较大颗粒，掉落海中，供鱼虾等水生生物摄食，进入生态系统；二是适口饵料被牡蛎滤食后，同化形成软体（生物体生长）；三是钙化形成碳酸钙贝壳，固定了二氧化碳；四是排出的粪便和假便，以及包裹的大小颗粒，未经鱼虾摄食的，掉入海底，通过生物沉积作用，输送到海底沉积物中，进而被固定。专家估算，每生产1吨生蚝，相当于从海洋中移除0.35吨二氧化碳，这只是计算以上固碳机制的第二和第三点，若再加上第一和第四点，牡蛎养殖的碳汇能力还能更大。可以预测，在全球非常关注"碳达峰""碳中和"的背景下，牡蛎养殖作为碳汇渔业的重要品种，将在新时代新形势下，发挥越来越重要的作用。

牡蛎一直是常用的中药

我国是世界上对牡蛎肉及壳的功效认识最早的国家。牡蛎作为临床常用中药，数千年沿用至今，不但治病范围广，且疗效好。

《神农本草经》是先秦至秦汉时期药物学的集大成之作，是中国药物学的第一部专著。书中共收载药物365种，根据药物性能功效的不同，首创上、中、下三品分类法。书中还提出了四气五味、君臣佐使药物配伍的用药原则，所载主治病证约170种。《神农本草经》将牡蛎列为虫兽部上品，认为"牡蛎主治伤寒寒热，温疟洒洒、惊恚怒气，除拘缓、鼠瘘、女子带下赤白、久服强骨节、杀邪鬼，延年"。

汉代医学家张仲景所著《伤寒论》及《金匮要略》为中医临床的重要经典著作，《伤寒论》中涉及牡蛎的药方有桂枝去芍药加蜀漆牡蛎龙骨救逆汤方、桂枝甘草龙骨牡蛎汤方、牡蛎泽泻散方等。

梁代陶弘景编写《本草经集注》，在《神农本草经》365种药物的基础上又加入了365种药合计730种。药物按玉石、草木、虫兽、果、菜、米食及有名未用共七类进行划分。书中对于药物的性味、产地、采集、形态和鉴别等方面的论述水平，也较以前的论述有了显著的提高。陶弘景是道教茅山派的创始人，他说："道家方以左顾是雄，故名牡蛎。右顾则牝蛎也，或以尖头为左，未详孰是。"

五代时李珣的《海药本草》收药124种，大多数来自波斯等地及南海诸地区，补充了《神农本草》《名医别录》《唐本草》《食疗本草》《本草拾遗》等不足，且纠正了前著的一些错记，丰富了中国药物学。它认为"牡蛎主男子遗精，虚劳气损，补肾正气，止盗汗，去烦热，治伤寒热痰、能补养安神"。

明代李时珍总结历代本草，李时珍谓蚌蛤之属，皆有胎生卵生，独此化生，纯雄无雌，故得牡名，曰蛎曰蚝，言其粗大也。《本草纲目》认为："牡蛎肉甘、温无毒，煮食治虚损，调中，解丹毒，妇人血气，以姜醋生食治丹毒，酒后烦热，止渴。炙食甚美，令人细肌肤、美颜色。"从中即可证明"药食同源""药食同用"，即中药和食品有着水乳交融、难分难解的关系。

牡蛎自古以来，既有补虚补血功效，又有"美颜色"保健抗衰老的作用。现代科学证明主要是肉中含糖元、牛磺酸、蛋白质，10种人体必需氨基酸，多种维生素、微量元素等。并含二十碳烯酸（EPA）、二十二碳六烯酸（DHA），能防治动脉硬化引起的心血管疾病，尤其是DHA能提高大脑的功能，增强记忆力，防止大脑衰老等。

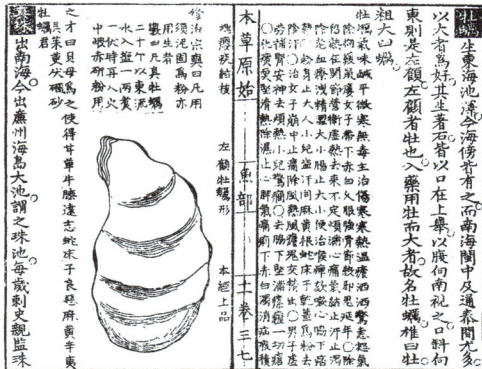

明代著名医药学家李中立《本草原始》书影

清代郝懿行《记海错》书影

蚝壳也是宝，大有用处

　　我国华南沿海地区很早就开始利用蚝灰代替石灰。明宋应星《天工开物》记载："凡温、台、闽、广海滨，石不堪灰者，则天生蛎蚝以代之。"又载："凡燔蛎灰者，执椎与凿，濡足取来。（药铺所货蚝即此碎块）叠煤架火燔成，与前石灰共法，粘砌城墙，桥梁，调和桐油，造舟，功皆相同。有误以蚬灰（即蛤粉）为蛎灰者，不格物之故也。"据嘉庆《新安县志》记载：蚝"壳可以砌墙，可烧灰"。

蚝壳粉土壤调理剂

　　蚝壳粉使土壤具有保水性（抗旱、抗涝）、保肥性（缓释长效）和透气性（抗冻，活化根系），可以改善土壤物理结构，促进土壤微生物繁殖，促进作物对土壤养分的吸收，从而达到增产、改善品质的目的。蚝壳粉有利于土壤中蚯蚓大量繁殖进而改善土壤品质。将蚝壳粉添加土壤后发现，土壤的理化、微生物特性得到明显改善，并使作物明显增产。

多微聚孔结构可以吸附土壤中的重金属，让作物更健康更适合有机蔬果的栽培。土壤酸化后，锰元素在土壤中成游离状态，容易被果树吸收，从而引起锰中毒；蚝壳粉土壤调理剂可以调节土壤pH值（双向调节），煅烧后的蚝壳粉pH值大于9，能中和酸性土壤。微聚孔结构的吸附性，可以很好地吸附导致土壤pH值升高的有害的氢氧根、钠离子、氯离子等，降低pH值，让土壤环境更适合植物生长。尤其在盐碱地，效果更突出。土壤酸化会影响根系功能，造成假性缺素症，引发小叶病发生，这种情况同样可以改善。

蚝壳含有丰富的天然多孔表面，是物质附着的理想载体，用蚝壳粉制备的氮肥具有缓释作用，可以起到延长肥料养分释放时间、提高肥料利用率的效果，且十分适用于做酸性土壤的肥料。有机钙含量超高，是传统钙肥的2～3倍，用量少，省工省力，环境友好。尤其是不含氮，特别适合果树生长中后期调酸补钙。

饲料添加剂

蚝壳粉可以作为饲料的添加剂，是动物（尤其是蛋鸡、鸽子）的钙源，健康，环保，便宜。同类产品有石粉、鱼骨粉、蛋壳粉，石粉作为不可再生资源不提倡，鱼骨粉、蛋壳粉昂贵，因而作为替代品的蚝壳粉是上佳的选择。

蚝壳屋

聪明的岭南人早已注意到蚝壳的使用价值，他们巧妙地把蚝壳作为建筑材料，砌成民居的外墙。这种以蚝壳为外墙的房子就是"蚝壳屋"。岭南夏季炎热，而蚝壳墙不易传热，因此有降温的作用。同时，夏季蚝壳表面的小孔可以储存微量的雨水，雨水冷却后可以降温，使得住在屋里的人感到凉爽。盖蚝壳墙，选出20～30厘米大小适中、外形规则的蚝壳，上下两排同时砌筑，确保蚝壳呈鳞状向下45度整齐垒砌，粘上煅制好的蚝壳灰。蚝壳一半暴露在外，形成外露的蚝壳外墙；一半嵌在砂浆中，再抹灰平滑做成内墙。用蚝壳盖墙，取材方便，且成本低廉。煅烧蚝壳产出的蚝壳灰，黏合力强，可以很好地代替石灰，弥补了当时石灰产量的不足。所以，蚝壳墙以其坚固耐用、取材方便等诸多优点，广受岭南人欢迎，人们称赞蚝壳为"千年砖，万年蚝"。

蚝壳人工渔礁

渔礁是海底里面的一块隆起物或堆积物。渔礁上面附着以及生长着大量的饵料生物。有吃的，鱼群自然会积聚在这里。因此渔礁是大自然的宝物，有"海洋牧场""鱼群粮仓"之称。我国目前普遍都是采用混凝土材料来构建人工渔礁，混凝土的比重大、防腐性强，能够稳定地模拟自然渔礁的生态系统。人工蚝壳渔礁将标准混凝土渔礁中的石子骨料替换成生蚝壳碎片，按照特定的比例将水泥、沙子、生蚝壳碎片、石子和水混合，经过做模型、加固以及后期养护等工艺建成。新型人工混凝土生蚝壳渔礁拥有人工混凝土渔礁的优势，增殖生物附着量为普通的混凝土渔礁的两倍。

蚝壳生物膜污水反应池

在深圳红树林保护区凤塘河口已建起了一个科研性的蚝壳生物膜污水反应池，这里直接抽起凤塘河口的污水，经过蚝壳池的生物膜净化，流出的是绵绵不断的清水。反应池分为三个水池，分别盛有大块蚝壳、细块蚝壳和颗粒蚝壳。当污水流经三个水池时，分别与附着在蚝壳上的生物膜发生反应，让蚝壳上的生物膜来吸附水中的脏物。这个过程中不使用化学添加剂，可以防止二次污染。蚝壳在广东沿海地区到处都可以收集，而且成本极低。该项目生物技术的关键是利用蚝壳生物体吸收污染体，达到净化纯化的目的。凤塘河污水净化是红树林修复工程中的重点工程。运用生物膜反应技术，凤塘河河口的污水净化难题迎刃而解。经有关专家对实验进行鉴定，经过生物滤池的深度工艺处理，出水水质清澈无异味。该项目设计处理能力为5万吨／日，相当于旱季凤塘河流量，处理后水质优于污水处理一级A标准。

鱼池滤材

蚝壳对调节水质pH值速度快、效率高、安全性极佳。蚝壳内部具有众多的互相连通的微孔，具有较强的吸附能力，能够很好地吸附水质中的氮、磷、重金属等成分，因此具有良好的水质改良作用。蚝壳还可以令水质变硬一些，对观赏鱼的颜色很有帮助。蚝壳中含有丰富的锌、碘，多种氨基酸，维生素A、B1、B2、钾、钠、钙、镁、铁、铜、磷，以及其他的微量元素，在观赏鱼缸或鱼池中能促进对观赏鱼钙质的吸收以及增进观赏鱼的色彩、中和水质pH值等作用。

地理篇

DILI PIAN

深圳那些养过蚝的海湾

深圳自古就是海洋城市，它的命运是随着历朝政府海洋意识的强弱而起伏。

清嘉庆《新安县志》卷四"山水"略说："邑以梧桐山为巨镇，三峰嵯峨，耸立霄汉，其余如大鹏、杯渡诸山，层峦叠嶂，屏卫环立，指不胜屈。邑三面濒海，汪洋澎湃，烟云变灭。凡浈江、瑞溪诸水，会珠江，屈折百余里，至蛇犀、合龙江经虎门，汇分流湖而注之东焉，诚一钜观也。"地处珠江出海口的深港地区，除了大面积的山地，只有少得可怜的滨海平原，这些平原由于盐碱高，农作物无法正常生长，盐业成为古代深圳主要的经济支柱。

据史籍记载，早在汉代，南海郡番禺县就设有盐官，督管海盐的生产及买卖。三国时期，东吴在南头设置司盐都尉，取名为东官，谓东方盐官的意思。西晋元康年间（291—299），中原地区战乱频繁，为避战祸，西晋永嘉年间（307—313）中原居民大量南迁。东晋成帝咸和六年（331）分南海郡设立东官郡，并在南头"司盐都尉垒"的基础上加筑郡城。北宋初年设立东莞盐场及海南、黄田、归德三个盐栅。北宋后期，深圳地区原来的归德、黄田盐栅升格为场。南宋，广东有十三大盐场，新安县境内有东莞、归德、黄田、官富四盐场。由于深圳地区有渔盐之利，长期以来，所需的粮食都是由今天东莞地区提供。到了清朝的乾隆年间（1736—1795），盐场才逐渐关闭。

盐场的关闭，促成深圳古代第一次产业转型，对于缺少耕地的盐民来说，养蚝成为保障生产和生活的主要选择。经过长时间的开拓，沙井的蚝田发展到从东莞和宝安交界的交椅湾，经黄（田）固（戍）海滩、前海湾，直到后海的大片海域。

蚝民在南山后海湾畔开蚝
（吴序运摄）

蚝民在蛇口避风塘准备出海劳动
（吴序运摄）

深圳湾

后海位于深圳市和香港特别行政区之间，因在县城的后面而得名。1898年，英国政府和清政府签署了《展拓香港界址专条》，将后海作为租借香港的新界部分，期限为99年，从此，深圳河成为两地的界河，后海被人为分割成两个部分，香港管辖的海湾南部仍然叫后海，深圳管辖的北部叫深圳湾。香港的后海湾内湾是一块极具生态价值的湿地，被列入《国际重要湿地名录》。过去由于有着来自珠江及深圳河的淡水与南海的海水交汇，很适合红树林生长，所以当地的渔业（如基围虾）和蚝业都十分兴盛。早在清代光绪年间（1875—1908），沙井就与香港厦村签约在白泥到流浮山一带的滩涂养蚝，沙井蚝民很多定居于此，这里的街市上常常听到地地道道的沙井话。

蛇口海区

位处深圳湾的西部，接近湾口，直接受南海潮涨、潮落和珠江水域径流的影响，以及深圳河水流量的调节。水质较肥沃，饵料生物较丰富。据

1986年9月至1988年4月和以往多年的观测，海水盐度（水深1米，下同）全年最高33.26‰，最低10.42‰，月平均变化在13.27‰～32.39‰之间。在筏式育肥季节的9月至翌年5月，其变化幅度为16.27‰～32.39‰。水温年变化范围15.6℃～35.0℃，平均月变化16.83℃～30.05℃。该湾（筏式育肥区）大潮期水深一般4～5米，潮差2.7米左右，泥底质，透明度20～160厘米，流速

蛇口气象台悬挂竹编台风风球
（吴序运摄）

0.3～0.54米/秒，底层0.2～0.37米/秒。水体中的浮游生物和牡蛎胃含物主要为硅藻，常见的还有骨条藻、角刺藻、海链藻、舟形藻、菱形藻、直链藻、小环藻、圆筛藻、曲舟藻、根管藻等。其次为甲藻类的角甲藻、裸甲藻、原甲藻、多甲藻、扁甲藻，蓝藻类的颤藻和绿藻的一些种类，以及其他如拟铃虫、夜光虫等。

前海

位于深圳市宝安区与南山区之间，因在县城的前面而得名。湾口南起龙舟角，北至大王洲，方向朝西。前海原来叫南头海，曾是明代南头水寨的军港。南头水寨的战船停泊于现深圳前海，待命出征。平时巡缉船队分出二哨。一哨出今香港佛堂门，停泊于今深圳、淡水之间的大星洋，与碣石水寨兵船会哨，取平海所结报；一哨出今珠海浪白澳、横琴岛、三灶岛，停泊于今虎跳门外的大金一带，与北津兵船会哨。1521年，广东巡海遣副使汪鋐南头，并以50艘战船对屯门形成半圆形包围圈，向葡军发动了进攻。汪指挥果断，战术灵活，葡军虽然有远征队到来加入作战，仍然伤亡惨重。

葡萄牙殖民者只得抛弃部分船只，仅乘三艘大船趁黑夜潜逃。1564年，东莞所正千户李茂材率东莞水兵，与广东总兵官汤克宽里外夹攻，平定潮州柘林海兵谭允传等人的叛乱。西乡、南头长蚝区有七个塘：南沙下、向南、吴屋、爱远、恒定、恒安、大王洲。

沙井蚝民在前海采苗
（吴序运摄）

沙井蚝民在前海蚝田箍蚝
（吴序运摄）

黄田、固戍海区

黄田、固戍、福永等取种区的蚝塘临近出海口，原为天然形成，不用人工改造。而养蚝之海区，当地之"有势者"向"旧政府升科"，占为已有，向蚝民收租而加以种种限制。在很早以前，沙井蚝民忍受不住那种重租剥削，曾以高价一次过把蚝塘买断。蚝塘各有业主，该处佃人向业主批租而自行养蚝者，约有1000人，有十数人共批一塘，亦有六七人共批一塘。蚝塘之大小，由30～100蚝条不等。租价由100元起，较贵的为500～600元，批期为5年，亦有三四年。这里除海水盐度比蛇口海区稍低外，其他海况条件与蛇口海区基本相似。

交椅湾

交椅湾是古代合澜海的一部分。据清康熙年间（1662—1722）编纂的《新安县志》记载："合澜海，在县西北八十里，福永司之左。"合澜海的具体位置就在东莞沙头、乌沙，深圳沙井、福永、西乡西面的那一片海域。合澜海上通西江、北江和东江汇成的狮子洋，南与零丁洋相连，直通到浩瀚的南海。这里水域宽广，滚滚而来的波涛，在此汇合，所以叫合澜海。合澜海的东部海湾，从东莞的虎门、长安到深圳的沙井，海岸线呈弓形，由于珠江和茅洲河的冲积，海中形成交椅型的沙洲，当地的蚝民叫它交椅湾。这里曾经是广盐的主要生产基地，也是沙井蚝的育肥区。沙井育肥区有九个塘：沙口、德和、冠益、城益、合益、祀益、裕合、愈肥、东坦。沙井蚝塘寄肥区地处虎门口之东侧，这里由于受珠江径流影响，咸淡水交汇，水质肥沃，生物饵料和有机质含量均比上述各海区更丰富，向来是牡蛎寄肥生产的优良场所。

沙井寄肥塘位于交椅湾内（程建摄）

曾经养蚝的村落

宝安养蚝历史悠久，养殖面积广，产量高，数量大，为宝安重要海产品。说到蚝，我们总是想到沙井蚝。沙井蚝历史悠久，拥有的大量蚝田，蚝产量在深圳市首屈一指，名气当然大。但是沙井蚝并非只出产在沙井，除了沙井，宝安的松岗碧头、福永、西乡、固戍，南山的北头、陈屋、向南、大涌、湾下、吴屋、南山、白石洲、后海和福田的下沙、石厦以及香港的流浮山都是养蚝的区域。

碧头村

碧头村位于松岗街道西部，相邻自然村有沙浦围村、朗下村、江边村和东莞市长安镇锦厦、宵边村。该村位于丘陵地带，村旁有许屋山，海拔35米。洋涌河流经该村西面、北面。清朝初期，碧头村由佘屋、林屋、许屋、鲁屋等组成，因诸村靠近洋涌河，建有码头，是当时东莞、宝安两地最大的货物交易场，又名碧头墟，统称为碧头。后受战乱等影响，佘屋、许屋、林屋、鲁屋等家族相继衰落，分散他处。清末至民国初年，蔡氏买入佘屋大围村，由现公明街道迁入，形成以蔡、许、佘三大姓氏组成的村落，仍称碧头村。清朝，属新安县。1914年，属宝安县。中华人民共和国成立之初，属宝安县松岗、沙井、新桥、雍睦、凤凰联乡；1951年，属宝安县第四区沙岗乡；1958年10月，属光明人民公社；1959年，属松岗人民公社江围大队；1979年1月，属深圳市松岗人民公社；1981年10月，属深圳市宝安县松岗人民公社；1983年7月，属宝安县松岗区江围乡；1986年10月，属松岗镇碧头行政村；1993年1月，属深圳市宝安区松岗镇；2004年，属松岗街道碧头社区。世居村民为汉族，广府民系，使用粤方言。村民主要姓氏有蔡、许、佘、林、文、郭、钟、陈等。碧头村传统经济为农业，以种植水稻、甘蔗、香蕉为主，兼养蚝。春节和端午节期间，有油角、腊鸭、濑粉、粽子等特色传统节庆食品。传说碧头许屋村从唐朝开始打鱼养蚝，明清时期养蚝规模至盛，南到香港屯门、深圳湾、前后海一带，西至今珠海、澳门一带，北至虎门一带都是许屋村养蚝范围。当时沙井蚝民都是帮助许屋村养蚝的。清末，许屋村遭受海盗侵扰，蚝田流转到沙井蚝民手里，变成了沙井蚝。

沙一村、沙二村、沙三村、沙四村

半蚝农业村落，原属沙井大村。沙井大村位于沙井街道中部，主要姓氏为陈姓，据《宝安沙井陈氏族谱汇编》载，沙井陈氏奉北宋名臣陈襄（1017—1080）为太始祖，其先世唐末从光州固始（今河南固始）随王潮入闽，迁徙到福建侯官（今福建福州）。陈朝举（1134—1213），讳孔硕，字朝举，号野望，宋淳熙年间（1174—1189）进士，征授政议大夫。因避战乱，自洛阳辗转南迁至南雄珠玑巷，后立家东官归德场涌口里。夫人晏氏（1138—1207），生子三：长康道、次康适、三康运。其后裔分布于沙井沙一、沙二、沙三、沙四、蚝一、蚝二、蚝三、蚝四、福永陈屋、松岗燕川、横岗荷坳、龙岗及东莞茶山等地。明万历元年（1573）以前，属东莞县；明万历元年至清朝，属新安县。1914年，属宝安县。中华人民共和国成立之初，属宝安县松岗、沙井、新桥、雍睦、凤凰联乡；1951年，属宝安县第四区沙井乡；1958年10月，属超美人民公社；1959年，属沙井人民公社；1963年，属朝阳、东风大队。据1971年宝安县调整划分蚝田统计，朝阳大队有蚝民278人，分到蚝田1000亩45丈。东风大队有蚝民333人，分到蚝田1194亩54丈。1979年1月，属深圳市沙井公社；1981年10月，属深圳市宝安县沙井公社；1983年7月，属宝安县沙井区朝阳乡、东风乡；1986年10月，设立沙一、沙二、沙三、沙四行政村，属沙井镇；1993年1月，属深圳市宝安区沙井镇；2004年，镇改街道，沙一、沙二、沙三、沙四社区属沙井街道。原居民主要为汉族，广府民系，使用粤方言。传统经济以种植水稻、红谷及蔬菜为主，养蚝养鱼为辅。特色传统食品有炒米饼、茶果、油角（主要为年货）。

蚝一村、蚝二村、蚝三村、蚝四村

蚝业专业村落，从沙井大村分出。1963年1月，西海人民公社解散，沙井蚝业大队重新划归沙井人民公社管辖。沙井蚝业组织以沙井一村、沙井二村、沙井三村、沙井四村四个村中的蚝民组织为基本单位组建了沙井蚝业生产大队，大队属下分为第一、第二、第三、第四生产大队，分别由一村、二村、三村、四村的蚝民组成。据1971年宝安县调整划分蚝田统计，蚝业村有蚝民6086人，分到蚝田20763亩895丈。1983年7月，沙井人民公社改称为沙井区公所，沙井蚝业大队改称为沙井蚝业乡。1986年10月，沙井区公所改称为沙井镇人民政府，沙井蚝业乡随之解散，并由原蚝业乡辖下的蚝一队、蚝二队、蚝三队、蚝四队为基础，分别成立了蚝一村委会、蚝二村委会、蚝三村委会、蚝四村委会四个村委会。原蚝业大队或蚝业大村的名称不复存在。2004年7月，沙井镇人民政府改称为宝安区沙井街道办事处，蚝业四个村委会也随之分别改称为蚝一社区居委会、蚝二社区居委会、蚝三社区居委会、蚝四社区居委会。2020年10月，沙井街道撤销蚝一、蚝二、蚝三、蚝四社区，新设蚝乡、沙蚝社区。原村民为汉族，广府民系，使用粤方言。村民主要为陈姓。

东塘村

东塘村位于沙井街道中部，属半蚝农业村落，相邻自然村有沙一村、沙头村、辛养村。该村是东山村和塘下村两村合并而成，取名为"东塘"。东塘村与沙井大村连成一片。为东山村、塘下村的合称。东塘村始建于北宋，据

《曾氏祖谱》所述，唐玄宗年间（712—756）曾氏族人从江西赣州迁移至广东韶关，北宋年间曾氏族人因靖康之乱从韶关南下珠三角后迁居沙井。明万历元年（1573）以前，属东莞县；明万历元年至清朝，属新安县。1914年，属宝安县。中华人民共和国成立之初，属宝安县松岗、沙井、新桥、雍睦、凤凰联乡；1951年，属宝安县第四区东民乡；1958年10月，属超美人民公社；1959年，属沙井人民公社银星大队；1961年，属东塘大队；1963年，属朝阳大队；1979年1月，属深圳市沙井公社；1981年10月，属深圳市宝安县沙井公社；1983年7月，属宝安县沙井区朝阳乡；1986年10月，属沙井镇东塘行政村；1993年1月，属深圳市宝安区沙井镇；2004年，属沙井街道东塘社区。原村民为汉族，广府民系，使用粤方言。村民主要为曾姓。传统经济以海上运输、经商贸易、养蚝和农业种植为主，主要农作物有水稻、芭蕉、龙眼、荔枝等。特色农产品有沙井蚝。特色传统食品有煎堆、油果、炸糖丸和炒米饼。特色工艺品有竹篾制品。

沙头村

沙头村位于沙井街道中部，属半蚝农业村落，相邻自然村有东塘村、茭塘村。因地处沙洲的南头而得名。全村面积0.8平方千米，属于土地资源较稀缺、人口较密集的社区之一。明万历元年（1573）以前，属东莞县；明万历元年至清朝，属新安县。1914年，属宝安县。中华人民共和国成立之初，属宝安县松岗、沙井、新桥、雍睦、凤凰联乡；1951年，属宝安县第四区东民乡；1958年10月，属超美人民公社；1959年，属沙井人民公社沙头大队；1979年1月，属深圳市沙井公社；1981年10月，属深圳市宝安县沙井公社；1983年7月，属宝安县沙井区沙头乡；1986年10月，属沙井镇沙头行政村；1993年1月，属深圳市宝安区沙井镇；2004年，属沙井街道沙头社区。原村民为汉族，广府民系，使用粤方言。村民主要为钟姓。传统经济以农业种植为主，养蚝为辅，主要农作物有水稻和水果，主要养殖家禽。改革开放后，村民主要收入来源为房屋出租、集体经济分红。沙头村特色农产品有沙井蚝。传统节庆食品有长形粽子、煎堆、油果和炒米饼。特色工艺品有竹篾编织品。

福永村

福永村位于福永街道中心区，相邻自然村有怀德村、福围村、新和村。该村形成于宋朝，由陈屋村、梁屋村、庄屋村三村组合而成，又称"三姓堂"或"三星堂"。原名伏涌，明洪武三十年（1397）设立福永巡检司，后为村落沿用。明清时期，这里有了渔港和货运码头，形成了繁华的鱼市和商品货物的集散地，并有了墟市。明万历元年（1573）以前，属东莞县；明万历元年至清朝，属新安县。1914年，属宝安县。中华人民共和国成立之初，属宝安县松岗、沙井、新桥、雍睦、凤凰联乡；1951年，属宝安县第四区福永乡；1958年10月，属超美人民公社；1959年7月，属沙井公社福永大队；1961年7月，属松岗区福永公社；1963年1月，属沙井公社福永大队；1977年3月，属福永公社；1979年1月，属深圳市福永公社；1981年10月，属深圳市宝安县福永公社；1983年7月，属宝安县福永区福永乡；1986年10月，属福永镇福永行政村；1993年1月，属深圳市宝安区福永镇；2004年7月，属福永街道福永社区。原住居民均为汉族，广府民系，使用粤方言。以陈、庄、梁姓居多。以传统的农业和水产养殖业为主。主要种植水稻、花生、甘蔗等，水产养殖以蚝业为主，其次为浅水鱼、虾和蟹。1963年，福永计有蚝田面积746亩，该年收获大蚝193担，蚝仔159担，二口蚝80担，蚝苗314担。据1971年宝安县调整划分蚝田统计，福永村有蚝民332人，分到蚝田849亩，另有烂田346亩。1978年，福永水产养殖喜获丰收，养蚝收获760担。1981年福永的养蚝面积计有105亩，1982年养蚝面积260亩，1983年计有560亩，1984年846亩，1985年1070亩。1980年开始，福永大力开展"筏式养蚝"。在筏式吊养蚝普及发展的同时利用虾塘寄肥，实行鱼、虾、蚝混养，收到良好效益。1995年，蚝、鱼、虾和蟹等海产收获881吨。

蚝业村

蚝业村位于西乡街道南部，属蚝业专业村，相邻自然村有渔业村、劳动村。中华人民共和国成立之初，属宝安县西乡、上川、八合、固戍、黄田人民联乡；1951年，属宝安县第一区新西乡；1958年，属超英人民公社；1959年，属西海（蛇口水产）公社；1970年，属西乡公社蚝业大队；1979年1月，属深圳市西乡公社；1981年10月，属深圳市宝安县西乡公社；1983年7月，属宝安县西乡区蚝业乡；1984年2月，属西乡镇蚝业村；1985年4月，属新安镇蚝业管理区；1986年10月，属新安镇蚝业行政村；1993年1月，属深圳市宝安区新安镇；1994年1月，属西乡镇蚝业行政村；2004年7月，属西乡街道蚝业社区，村民多为汉族，广府民系，使用粤方言。主要姓氏有陈、曾等大姓。村民为基围人，多为清朝时从东莞、番禺迁移至此。蚝业村传统经营以养殖蚝为主，以渔为辅。据1971年宝安县调整划分蚝田统计，西乡大队有蚝民54人，分到蚝田163亩16丈。特色传统食品有蚝豉（蚝干）、炸蚝。

固戍村

固戍村位于西乡街道北部，铁仔山以西，地形以丘陵为主，东至107国道，南至盐田村，西至珠江口，北至三围村。固戍村落始建于元末明初（1335），姜姓六兄弟从山东和洲县迁此定居，因到宋至明清时期均有驻军，卫戍海防，因此村子取名固戍。中华人民共和国成立初期，该村属黄田联乡、固黄乡，1951年置固戍乡；1958年3月撤区并乡，固戍划归西乡辖；同年10月建立固戍大队，属西乡公社；1983年7月，固戍大队与南昌大队合并为固戍乡，1985年4月后改为固戍管理区，隶新安镇；1986年改为固戍村，1994年隶西乡镇。2014年属宝安区西乡街道固戍社区。本地居民均为汉族，属于广府民系，使用粤方言。固戍村传统经营渔业和农业种植。据1971年宝安县调整划分蚝田统计，固戍村有蚝民210人，分到蚝田634亩65丈。

翻身村

翻身村位于新安街道办事处西部，相邻自然村南有安乐村、北有河东村。20世纪20年代起，来自广东中山、南海、东莞、番禺、顺德、惠州等地的海上渔民陆续在珠江口西岸滩涂（现翻身村一带，原小地名为刘家围、温家围、锦廷围、新云围、屋下围等）停靠岸捕鱼为生，也从事水上运输。1951年，土改工作组进驻，了解到整个片区居然没有固定村名，取名"翻身"，寓意"翻身做主"之意。1951年，翻身乡辖劳动村、自由村、安乐村，属宝安县第一区。1955—1957年，翻身乡先后隶属福永区、西乡大乡。1959年，翻身乡改为翻身大队。至1983年，翻身大队先后隶属超英公社、南头公社、西乡公社。1985年4月，新安镇成立，翻身乡改为翻身管理区。1992年，翻身村划分为4个行政村，即翻身村、安乐村、劳动村和渔业村。1994年1月，翻身村隶属新安街道。2004年7月，翻身村民委员会改为社区居民委员会。据1971年宝安县调整划分蚝田统计，翻身村有蚝民17人，分到蚝田51.4亩。

大新村

大新村位于南山半岛西边，珠江口东岸的临海地带，地势平坦，原来有一条叫金鸡冲的小河自西向东从村北流向大海，现在已成为暗河。据《新安县志》记载，康熙年间（1662—1722），因紧靠新安县城，大新片区很快形成一个繁荣的商业中心，并且产生了一条新的商业街——大新街。民国初年，大新街店铺林立，繁华热闹，成为当地富人聚居之所。中华人民共和国成立前，沙井村的人来南头从事养蚝业，他们都是租当地人的房子，分别居住在一甲村、关口村、涌下村、界边村。1951年，宝安县撤大乡设小乡，沿用"大新"二字，设置大新乡。1956年撤掉大新乡成立大新村，管辖界边村、冲下村、关口村、一甲村的蚝民和一部分居民、农民。沙井蚝民与当地从事养蚝的人一起成立大新互助组。1958年人民公社时成立大新大队。据1971年宝安县调整划分蚝田统计，大新村有蚝民657人，分到蚝田4308亩。1980年改革成立大新村委会，1992年按政策成立深圳市大新实业股份公司。2001年设立大新社区居委会。现村于20世纪80年代在原地重建。主要姓氏有陈、许、郑。第一大姓为陈姓，宋朝从洛阳迁至广东南雄珠玑巷，后朝举公携三子康道、康适、康运迁居东官归德场涌口（今宝安区沙井街道），清朝从东官归德场涌口迁移至本地；第二大姓为许姓，中华人民共和国成立后从松岗迁移至本地；第三大姓为郑姓，北宋熙宁三年（1070），从广东南雄保昌县迁移至东莞县东鉴（今南头），明朝从东莞县东鉴（今南头）迁移至本地。改革开放前，大新村村民以养蚝为主。西部通道开建后，后海禁止养蚝。1992年"农城化"改革，大新实业股份公司成立，蚝民成为股民，居民享受分红。

北头村

北头村东起关口村至涌下村，西邻前海路，南起界边福源街，北靠大新小学。坐落在深圳的大南山脚下。面临前海，背靠南山，据说村民元朝时从福田沙头村移居于此，因村子建在南山北面滩头上，得名"北头"。这里原来是一个世代以捕鱼、养蚝、种荔枝为业的小渔村。黄氏族人自元朝起就在北头村立村，至今还保留有清同治年间（1862—1874）所编的族谱。北头村的养蚝业开始于1956年。当时大约有人口400人，不论男女老幼都要下海养蚝。北头村养蚝初期，村民都是用石头养蚝，随着经验的丰富，村民们开始使用水泥瓦和水泥棒。他们把水泥瓦和水泥棒插在湿地里，到潮涨时，海水就会把水泥瓦推倒在水里，让泥土里的微生物黏附在水泥瓦上，到第二天潮退时，再把水泥瓦和水泥棒扶起来，重新插到湿地里。如此往复，黏附在水泥瓦和水泥棒上的微生物越来越多，慢慢地越来越多的蚝便被养殖出来。1965—1975年是北头村养蚝最

20世纪80年代北头村委干部

繁荣的年代，和其他几个村相比，北头村经济收入最高，工资最高。据1971年宝安县调整划分蚝田统计，北头村有蚝民408人，分到蚝田1701亩。多年前，北头村的集体收入在当时宝安县已排行第二，再加上荔枝、甜桃的丰收，大户年收入可达七万元，甚至十几万元。20世纪80年代，随着妈湾电厂和平南铁路的修建，以及大规模的填海，北头的养蚝业难以为继，村民们丢开滑板，洗脚上岸，开始招商引资办企业。与深圳很多传统村庄不同的是，村民主要得到的就是蚝苗的赔偿。1985年，北头村投资100多万元，兴建南山工业区第一栋厂房，蚝民开始了"从农转商"的生活，北头新村、北头豪苑等城市楼房纷纷建起，村民搬进了宽敞明亮的居住空间。

大冲村

大冲村位于南山区，属粤海街道。东起沙河西路，西邻科技大道，南起深南大道，北靠硅谷别墅南侧。大冲村民为郑氏后裔。清中晚时期，郑氏的一支后裔从距此约30千米以外的黄田（如今的深圳机场一带）迁来这里，看上了这里的自然环境——紧靠大沙河入海口，田肥水美，逐渐在此定居繁衍，靠种田打鱼为生。后来由于天然鱼虾逐渐稀缺，开始发展围海养殖业。据1971年宝安县调整划分蚝田统计，大冲村有蚝民267人，分到蚝田927亩。

向南村

向南村位于南山区南山街道。属半蚝农村落。村民以耕种、下海作业和养蚝为主。中华人民共和国成立后隶属新民乡管辖，往后隶属南头公社管辖，后期设立为向南大队，管辖向南村、丁头村、南光村、桂庙村等自然村。1982年，向南大队分设为向南村委会、南光村委会，当时的向南村委会是行政村，由向南村、向南东村、丁头村、大板桥巷等自然村组成，由于向南村占辖区面积较大，人口众多，故以"向南村"为名而设立向南村委会。1992年9月，深圳经济特区实施农村城市化，即村改居，由向南村委会转变为向南居民委员会。2001年8月，向南居委会与墩头居委会合并设立向南社区居委会，管辖向南村、向南东村、丁头村、大板桥巷、永福正街等城中村和老居民商业街。

南光村

南光村位于南山区繁华中心区的东北部，东至南海大道以西，南至创业路以北，西至南山大道以东，北至桂庙路以南。原居民主要由吴氏、赵氏、张氏组成。南光村由横龙岗村和正龙村在人民公社时合并为一条村，取名为"南光村"。中华人民共和国成立前，南光村隶属宝安县南头管辖，村民以耕种、下海作业和养蚝为主。中华人民共和国成立后隶属新民乡管辖，往后隶属南头公社管辖。1992年，南光村委会改为南光居民委员会。2001年8月，属南光社区居民委员会。改革开放初期实施家庭联产承包责任制，蚝田也分给蚝民承包。当时村民有出海证，可以开船出海去香港把生蚝、蔬菜卖过去，然后再购买一些内地紧缺的生活用品、棉纺布料回来出售。20世纪90年代开始"农村城市化"改革以后，特别是在滨海大道建成以后，村里的农田逐渐没有了，村里建起了厂房，村民不仅成为居民，也成了股东，靠出租农民房和股份分红生活。

南山村

南山村位于南山街道辖区西南部，在大南山脚下，东临南山大道，西靠东滨路，西连前海路，北接登良路。由于村民大多姓陈，也曾叫"陈屋村"。该村始建于元末明初，因陈氏先祖陈韶凤（又名陈纯可）从现宝安区沙井街道辛养村移居南山北侧定居而形成。1955年，南山村成立初级合作社，1956年转高级社，1958年公社化时划入南头公社，与南园村、向南村、丁头村、南光村、桂庙村、赤湾村、粤海门村组成"南山大队"，1975年分开南山大队只留下南山村、南园村和赤湾村，其他村另行成立向南大队。1984年大队解散，南山村成立南山村委会，1992年成立南山居委会，2001年由居委会改为南山社区居委会。据1971年宝安县调整划分蚝田统计，南山村有蚝民419人，分到蚝田2021亩。

湾厦村

这里山海相依，海里有鱼虾可捕，岸上有土地可耕，早有百姓在此栖息繁衍。因位于深圳湾最下边，故称"湾下村"；由湾厦村改制设立，故名。明万历年间（1573—1619），原新安西路涌头乡樊宜兰来湾厦乡定居，后有李氏、樊氏、莫氏、谢氏、陈氏、黄氏、邱氏等人家迁来。清代，湾厦村为新安县典史管属村庄，1970年，宝安县调整行政区划，湾厦大队从南头公社划归蛇口公社管辖。湾厦大队的南水生产队、水湾头生产队划出，成立南水大队、水湾大队。1982年4月，蛇口公社改称蛇口街道，湾厦大队属蛇口办事处管辖。1983年11月，政社分设，湾厦大队改称为湾厦村。是年，被征地0.7平方千米，其中水田0.2平方千米，荔枝树500多棵。1984年8月，蛇口区在蛇口办事处地域成立，蛇口办事处改称蛇口镇，湾厦村属蛇口镇。1990年9月，南头区、蛇口区合并成立南山区，蛇口镇改称蛇口街道，湾厦村属蛇口街道。1992年6—11月，进行农村城市化改革，撤销湾厦村，村行政管理部分成立湾厦居委会，2001年居改社，成立湾厦社区居委会。据1971年宝安县调整划分蚝田统计，湾厦村有蚝民107人，分到蚝田346亩。

海湾村

海湾村属蛇口街道。东起后海大道，西邻爱榕路，南起湾厦旧村中间分界处，北靠工业七路。原属湾厦自然村。1959年，湾厦村有农业队和蚝业队，农业队归属南头公社，而蚝业队属西海（蛇口）公社。"海湾"之名，是因有人提议：祖辈吃海，又系湾厦村析出，即名"海湾"。同年，海湾蚝业生产大队和湾厦农业大队分别成立，以蚝

1949年，蛇口海湾村蚝民屈椿华（左），驾驶船只运送袁庚（右）带领的炮兵团攻打大铲岛，31年后，老哥俩再度在蛇口相遇

业生产为主的村民归属海湾，以农业生产为主的归属湾厦。海湾村传统经营以养蚝、打鱼为主。因海湾村地处后海湾，有自然生成的滩涂蚝田，且一直延伸至大铲岛海域，养殖面积广阔。据蛇口后海天后宫清乾隆三十七年（1772）《蒙杨大老爷示禁碑》碑文记载，当时沙井蚝民便以船载蚝块到后海随处放养。由后海湾滩涂蚝田种养出来的蚝叫后海蚝，色乳白，肉爽嫩，无泥腥味，为蚝中珍品。海湾蚝民利用此得天独厚的条件，祖祖辈辈在此养蚝为生。

1959—1961年三年困难时期，海湾大队除从事蚝业和渔业生产之外，同时扩大生产经营范围，种植荔枝、养猪、烧制蚝壳灰、开发海上运输等。1970年，海湾大队有机船2艘，蚝艇5艘；有蚝田1100亩，年投放附着器570井，年产鲜蚝64吨；另有耕地72亩。据1971年宝安县调整划分蚝田统计，海湾村有蚝民310人，分到蚝田1399亩89丈。

全国政协原副主席叶飞同志（左四）
视察海湾

习仲勋同志（前排左三）视察海湾

2017年蛇口渔港上蚝情况

海湾蚝业文化节

2019年12月3日，罗少龙与蛇口海湾百岁蚝老人"厂公"合影

（罗少龙提供）

　　1980年4月，海湾大队蚝业养殖遭遇大灾害，放养在深圳湾的所有蚝苗全部死亡，经济损失5万元。下半年，实行家庭联产承包责任制，分蚝田到户。1992年6月至11月，进行农村城市化改革，撤销海湾村，成立海湾社区。2019年12月3日，"温馨蚝乡，幸福海湾"社区蚝文化节在蛇口街道海湾社区街区客厅长廊举行。居民们现场制作"蚝宴"，以唱蚝、说蚝、品蚝等多种形式，传承和发扬海湾村源远流长的蚝文化，既让海湾原住蚝民重温昔日养蚝岁月，也让社区新居民感受海湾历久弥新的蚝文化。海湾村具有500多年历史，一直靠养蚝为业。如今海湾村仍然有一群养蚝人坚守祖业。在老一代蚝民的心里，养生蚝不仅是工作，也是一份文化的传承。为了维护这一份饱含本土记忆的文化传承，社区因此开展了此次社区蚝文化节，让社区居民欢乐共享，延续社区蚝文化和海洋文化特色。

水湾村

　　水湾村处在大南山南面，面向珠江口。该村始建于清末，最早有从现南头南园村吴姓，香港新界刘姓、蔡姓、布吉大芬村邬姓等近10户人家迁徙到这块土地扎根，取名为"鸡栖村"，后被南头方言演说成"鸡西村"。随后有来自广东罗定郑姓、新安石岩罗姓、谢姓等姓氏人家迁入，日出而作，日入而息。村前海边从蛇口东角头至咀头山（现微波山）的海域一直都是叫作"水湾头湾"。公社化时期，隶属南头公社湾下农业大队。改革开放前，水湾人利用"水湾头湾"的独特天然海湾，投放石头、水泥柱养蚝。渔民在海岸边架起近10个打鱼的槽棚，鱼过网起，每个槽棚日产近百斤海鱼。水湾头人因地制宜种植荔枝、龙眼、甜桃等水果，村后有着连片的荔枝园。1979年，随着改革开放"第一声开山炮"在水湾头村的咀头山边响起，水湾头成为历史，水湾村地域成为蛇口改革开放最早的"试验田"。当年，蛇口工业区征用水湾头生产队土地44.6公顷以及部分果树。1981年9月，第二次征用水湾头生产队剩余全部土地11.7公顷以及全部树木。蛇口工业区成立后，水湾头湾改名为"蛇口湾"。

1984年后海片区（陈宗浩摄）

开蚝现场
（摄于2003年，后海股份公司供图）

这是后海开蚝的场景
（吴序运摄）

后海村

后海村原是一片荒海滩，属梁德怀所有。梁因急需银两，将荒海滩出卖。时由天后庙司理黄文进牵头，以义庆堂所存公款100两白银，买下此片海滩，后沿海渔民在此落脚，逐渐形成村落。现村于20世纪80年代中期在原地重建。主要姓氏有赵氏、曾氏、郑氏、吴氏、邓氏、陈氏、黄氏、车氏、柳氏、叶氏、张氏、何氏。后海村传统经营以养蚝、捕鱼为主。后海天后古庙始建于明代，庙内保留有乾隆三十七年（1772）的《蒙杨大老爷示禁碑》、乾隆四十六年（1781）的《邑侯吴老太爷禁示来合乡置业入庙碑》、道光二十四年（1844）的《天后宫碑记》。1953年，沙井蚝民向县政府申请在南头后海增放石头养蚝，从此走上向深海养蚝发展的道路，创造了宝安县先进的养蚝方式。后海养耗称为样板。1957年，后海村有70多人逃往香港。1959年农历五月四日，后海村一夜间外逃香港人数多达101人，更有人远走异国他乡，音信全无。当年，原有300多人的后海村只剩下100多人，而且大都是老人和少年。据1971年宝安县调整划分蚝田统计，后海村有蚝民161人，分到蚝田865亩43丈。1982年，后海村将土地租给外来人员耕种，蚝田开始受到污染。除部分村民继续养蚝、种荔枝外，多数村民不再种地、养蚝。

白石洲村

白石洲村隶属于南山区沙河街道，南临后海，属滨海平原地形，原是大沙河口冲积一块沙洲，因小山顶上有一大白石头，取名白石洲。清乾隆年间（1736—1795），吴姓先祖从公明石家村逃难至此立村，后有高、陈、郭、文姓陆续迁来。历史上，白石洲村属半农半渔村落，以出海捕鱼、养蚝和农业谋生。中华人民共和国成立后，属宝安县沙河乡。1959年，属广东省佛山专区农垦局国营沙河农场。1970年，宝安县调整划分蚝田时，沙河农场在后海的蚝田有1140亩，在沙井寄肥塘分到150亩23丈。1981年，属广东省沙河华侨企业公司沙河农场。1992年8月，经广东省政府批复，沙河农场及沙河华侨实业总公司整体转让给深圳市。

石厦村

石厦村位于福田区南部，深圳城市中心区较繁华的地段，南邻深圳湾。石厦村是多姓氏聚居村，既有自己姓氏的祠堂，还有一个各姓氏共同的祠堂，全村人团结和睦，亲如一家。村民以养蚝为主业，农田极少，而蚝田大多在深圳湾南岸香港一侧，所以石厦村与香港的关系也相对较密切。石厦村一带处于深圳湾与深圳河的交汇处，海水咸淡适中，渔产丰富，元末明初时邻近乡县的渔民多来此打鱼。而打锡岭正在岸边，地势稍高而背风，自然成为渔民歇脚之地。渔民们把船停泊于此，上岸补充淡水，购买食物，或维修船只，形成了一个共用的基地。一些老年渔民不能下海了，把渔船交给儿女，自己就在这里建房居住，以便与儿女之间可以互相照应。久而久之，竟形成了一个小小村落。这些渔民都来自四面八方，姓氏不同，主要有张、李、龙、岑、陈五姓。虽形似村落，但并无村名。直到后来人们又在附近建起了新的围村，才把这里称为"旧围"，以示区别。石厦村原本为渔民聚居而来，既无土地，村民也不善农耕。后来，养蚝逐渐取代渔业生产，成了村民的主业。在清中期，石厦村养蚝业最兴盛的时期，全村共有蚝田11000余亩。其中在深圳河北岸西起沙嘴码头东到赤尾村有4000多亩，在深圳河南岸至香港新界米埔一带，即后来港英当局所称的"第五号蚝塘"有7000余亩。据1971年宝安县调整划分蚝田统计，新沙大队有蚝民400人，分到蚝田4200亩。

下沙村

下沙村位于沙头街道，连接泰然、车公庙工业区和天安数码城，东接福强路，西至红树林自然保护区，直通珠江出海口，南跨深圳湾，与香港新界隔海相望，北倚滨海大道。到明朝中叶九世祖黄思铭时期，下沙进入到一个重要的历史阶段，人丁兴旺，经济发展，农耕和养蚝较为发达。并形成了东涌、大围、围仔、村仔、新村、东头六个自然村的雏形。几百年来，下沙村民在村后垦荒造田种植粮食，在村前的海滩养蚝，过着半耕半蚝的生活，可以说是"村前是银行（海湾），村后是粮仓（良田）"。

　　20世纪90年代以前，养蚝生产是下沙村民的主业之一，其收入大体占村民收入的60%左右。下沙村民在长期生产生活中，逐渐发现和掌握了蚝的生长、生活规律，由此形成了一条成熟的养蚝产业链。至改革开放初期，下沙共有耕地面积1.5万亩，海上作业面积4万多亩。从800年前的一无所有，到万亩耕地、无边蚝田，下沙人民用勤劳的双手创出了八百年长青基业。据1971年宝安县调整划分蚝田统计，沙头大队有蚝民717人，分到蚝田7000亩。随着特区建设步伐的加快，下沙村的土地、沙滩大部分被政府征收进行开发。下沙村、石厦村位于香港一侧的蚝田，也变为了香港米埔湿地，而位于深圳湾北侧的蚝田，则规划成了国家级红树林自然保护区。下沙人告别了世世代代赖以为生的耕地和蚝田，"洗脚上田"变身为市民。

香港流浮山

　　流浮山位于香港后海湾一侧，绵延十三公里的海滩，是香港最富名气的唯一产蚝区。流浮山盛产"生猛白净"的鲜蚝，早在清末光绪年间（1875—1908），便有来自深圳沙井的蚝农与新界厦村合资于此开辟蚝田。每年农历四五月间，在近岸的海床水域，竹篙、泥瓦筒或石柱插排成行，放养的蚝苗随水漂流，遇阻便粘连其上重叠寄生，称为"插桩养蚝"。酷暑来临时，将栖居于桩柱上的生蚝迁移至深水的蚝排，悬吊成串养肥，充分吸取微生物和浮游物，短则半年，长则四年，才能收获。蚝是季节性的产物，中秋前后就陆续应时上市，直至次年的二月。放眼望去，海边穿梭闪烁着收蚝、开蚝、晒蚝、贩蚝的劳碌身影，煞是热闹。轮回的日子里，蚝壳不经意堆成了小丘，撒出了新滩。

20世纪60年代中期到80年代初，流浮山的养蚝业臻于巅峰，几乎全民皆以产蚝为生，蚝田遍布，约有三千公顷，蚝农一千多户，卖蚝的摊档至少也有百家。仅有的一条大街上，两旁的酒楼食肆雨后春笋般拔地而起，售卖蚝豉、咸鱼等干品的小店嵌插其间，街尾滨海处的海鲜摊档鳞次栉比，供应着花样繁多的海产，接踵而至的食客，频繁往返的货车，此起彼伏的市声，一时蔚为壮观。然而，日益污染的海水击破了繁华的梦，产量突降，美味不再，蚝农接连数年损失惨重，不堪重负，纷纷隐退或转业，愁云笼罩着流浮山。

如今的流浮山依旧有七八十户人家固守着蚝田养蚝。蚝农们舍弃传统，径直由对岸的深圳购入蚝苗，悬于海面蚝排饲养，一个蚝排可养6000只。一年仅能出产140吨，销往各地的酒楼、超市和大排档，或晒干制成蚝豉，熬炼蚝油，勉强占到香港生蚝市场的两成。年轻一代多半无意重操祖业，后继乏人，以致蚝乡越发式微。

光绪年间沙井与厦村在流浮山合作养蚝

20世纪80年代流浮山水产品拍卖场
（吴序运摄）

20世纪80年代流浮山的蚝场
（吴序运摄）

历史篇

LISHI PIAN

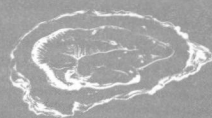

卢亭的传说

　　牡蛎的生长，至少有上万年的历史，据我国沿海考古发现，早在新石器时代，人们就已懂得采食牡蛎。世界多数沿海各国都生长有牡蛎，特别热带、亚热带沿海更适宜牡蛎的生长。我国北起鸭绿江出海口，南至南海沿海一带，皆可长蚝，人工养殖的则以广东、广西、福建、台湾居多。

　　沙井地处珠江出海口，它与地属深圳的蛇口、西乡、福永以及东莞的虎门、麻涌、长安，广州番禺的莲花山、南沙一带合抱而形成珠江出海口的大海湾，处于咸淡水的交汇区，除珠江外，附近其他较短的几十条网状河涌也汇注于海湾之中，浮游微生物特别丰富，很适宜蚝类的生长。据宋《太平御览》载："《南越志》曰，南土谓蛎为蚝，甲为牡蛎，合涧州圆蛎，土人重之，语曰：得合涧一蛎，虽不足豪，亦可以高也。"文中合涧州应是合澜洲之误，可见合澜洲的蚝早已名声在外。

　　399—411年，孙恩、卢循先后领头，引发了长达12年的战乱。失败后，卢循余党大多往南撤到沿海和岛屿。400多年后，刘恂在《岭表录异》中记载了这段历史："卢亭者，卢循昔据广州，既败，余党奔入海岛野居，惟食蚝蛎，垒壳为墙壁。"又曰："蚝即牡蛎也。其初生海岛边，如拳向四面渐长，有高一二丈者，巉岩如山。每一房内，蚝肉一片，随其所生，前后大小不等。每潮来，诸蚝皆开房，见人即合之。海夷卢亭往往以斧揳取壳，烧以烈火，蚝即启房。挑取其肉，贮以小竹筐，赴墟市以易酒。肉大者，腌为炙；小者，炒食。肉中有滋味，食之即能壅肠胃。"

　　在古代的交通条件下，山区以及湿地、沼泽、沙漠乃至沿海之类地理距离阻力大的地方，都特别容易成为逃难人群的庇护所。当时农民起义军的幸存者起义失败后便逃往珠江出海口附近众多的海岛上（当时珠江出海口一带多为海岛，还未被冲积成今天这样的冲积平原），他们以捡贝捕鱼食蚝为生，并用蚝壳垒墙建房居住。可见，自晋末以来及唐代和五代十国时期，珠江口一带的居民，便已有采蚝食蚝的习惯，以蚝充饥，生存度日。

卢亭，又称为卢馀，是传说中的一种半人半鱼的生物，居于大奚山（今大屿山，香港岛和珠海万山等岛屿的合称）上，据说是卢循之后。明末清初诗人屈大均《广东新语》记载："有卢亭者，新安大鱼山与南亭竹没老万山多有之。其长如人，有牝牡，毛发焦黄而短，眼睛亦黄，而鬒黑，尾长寸许，见人则惊怖入水，往往随波飘至，人以为怪，竞逐之。有得其牝者，与之媱，不能言语，惟笑而已，久之能着衣食五谷，携之大鱼山，仍没入水，盖人鱼之无害于人者。"值得留意的是，屈大均提及的新安，也就是今日的宝安。当年，屈大均曾乘舟途经大奚山此地，因有感而作《卢亭诗》：

老万山中多卢亭，雌雄一一皆人形。

绿毛遍身只留面，半遮下体松皮青。

攀船三两不肯去，投以酒食声呷嘤。

纷纷将鱼来献客，穿腮紫藤花无名。

生食诸鱼不烟火，一大鲈鱼持向我。

殷勤更欲求香醪，雌者腰身时裊娜。

在山知不是人鱼，乃是鱼人山上居。

编茅作屋数千百，海上渔村多不如。

根据屈大均的描述，传说中的卢亭一族，无异于半人半鱼的野人，故也有人称之为"卢亭鱼人"。事实上，历经了东晋之乱，隐居于新安大奚山上的卢循后代，确实是与朝廷再无纷争。然到了南宋庆元

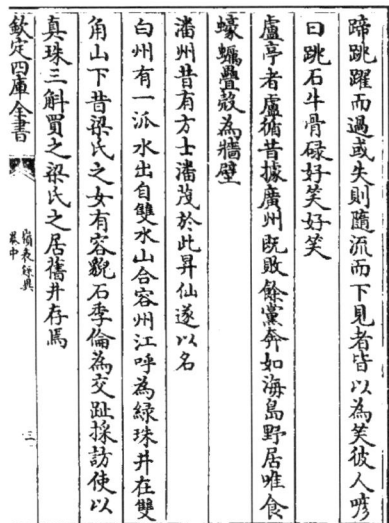

《卢亭传说》

年间（1195—1206），朝廷以卢亭一族未得其许可贩卖私盐为由，出兵大奚山，卢亭一族几乎被歼灭。

此段记载说明珠江口附近海岛一带居民很早就以采蚝为生。他们常到海边用铁斧敲取生蚝，然后用火烧开，将蚝肉挑出来，装在小竹筐中，并将蚝肉拿到墟市上去卖，换回酒米，以保两餐。由此可见，自晋末以来，珠江出海口一带居民，已开始以食蚝为生，以采蚝为业，并流行采蚝上市作商品换取其他生活必需品的行为，将采蚝业融入于社会经济生活之中并成为当时经济社会生产生活的一部分。

在第十五届沙井金蚝美食民俗文化节开幕式上，演出大型原创音乐剧暨蚝乡三部曲之二《卢亭传说》

世界最早人工养蚝的地方

　　唐宋以来，由于采取科举制度，读书人可以通过考试进入官僚集团。北方的士人或任命或贬谪，有机会宦游福建、广东等南方地区，见到了与中原不一样的物产，品尝到与中原不一样的滋味。他们将所见所闻写进诗歌里，既表达惊奇，拓展人们的认知，又将南方饮食文化传播开去，在一定程度上消除当时人们对南蛮之地的恐惧。

　　唐元和十四年（819）正月，宪宗派遣宦官到法门寺迎佛骨至长安，留宫中供奉三日，然后送各个寺院供奉。时任刑部侍郎的韩愈上表劝谏，认为佛教本夷狄之法，实不可信，请将佛骨处理，投入水火，永绝根本。表示假如佛骨显灵，降临灾祸，愿由自己一人承担。宪宗大怒，欲处其死刑。宰相裴度等人认为韩愈虽然狂妄，但出自对皇上忠心，应宽容其罪，以开言路。十四日，诏贬韩愈为潮州刺史。桂管观察使裴行立委派元集虚，到潮州去探望被贬的韩愈。尽管两人素不相识，裴行立特别敬慕韩愈，对他的情谊超过至交亲朋，怕他受到瘴疠之气的侵害，特地送去珍贵的药物给他防治，还写了几幅字，劝他养精蓄锐，以备东山再起。元集虚，河南人（今洛阳人），曾任协律郎，因堂兄弟排行十八，人称元十八。元集虚到潮州见到韩愈，两人一见如故，韩愈告诉元集虚，三年前，就通过柳宗元的介绍知道了他，看到柳宗元给他的赠诗，早就想目睹他的风采了。这次相处旬日之久，同吃同住，相互了解得更深。韩愈把他初次吃南方美食的事情写成一首诗送给元集虚。《初南食贻元十八协律》，生动形象描写了初次吃南方食物"莫不可叹惊"

的情景，诗中提到鲨、蚝、蒲鱼、蛤、章举、马甲柱（即江瑶柱）、蛇等，他说对付这些"魑魅"之物，自然还是采用南方的烹调手法，"调以咸与酸，芼以椒与橙"。

北宋著名诗人苏东坡，被贬谪至惠州时，曾到靖康场看龙穴楼台的盛景，作为美食家，不可能没有吃过这里的蚝，到海南时更加时常烹用，深感食蚝之美，他在致书诗人苏辙时称："无令中朝士大夫知，恐争谋南徙，以分其味。"意即对苏辙讲，你不要把食蚝的事让朝中官吏知道，恐防他们都

宋代苏轼《献蚝帖》

争着被贬谪到岭南，来分享鲜蚝的美味。也许是真的怕北方士人争着来南方，也许韩愈将南食烹饪的秘诀已经公之于众，苏东坡还真的没有为蚝写一首诗或一首词。

倒是同时代的著名诗人梅尧臣（1002—1060）喜欢了解农民生活，关怀农民命运，也喜欢美食，仰慕食蚝。中年时他游宦海乡岭南一带，听人说珠江入海口靖康沙井一带所产的归靖蚝鲜美可口，便专门托人带来归靖蚝烹调食用，同时，还专门了解归靖蚝民如何养蚝的具体生产生活细节，并为此写成了一首脍炙人口的《食蚝》诗，诗中写道：

薄宦游海乡，雅闻靖康蚝。宿昔思一饱，钻灼苦未高。传闻巨浪中，碨磊如六鳌。亦复有泅民，并海施竹牢。掇石种其间，冲激恣风涛。咸卤日与滋，蕃息依江皋。中厨烈焰炭，燎以菜与蒿。委质以就烹，键闭犹遁逃。稍稍窥其户，清澜流玉膏。人言嗷小鱼，所得不偿劳。况此铁石顽，解剥烦锥刀。戮力

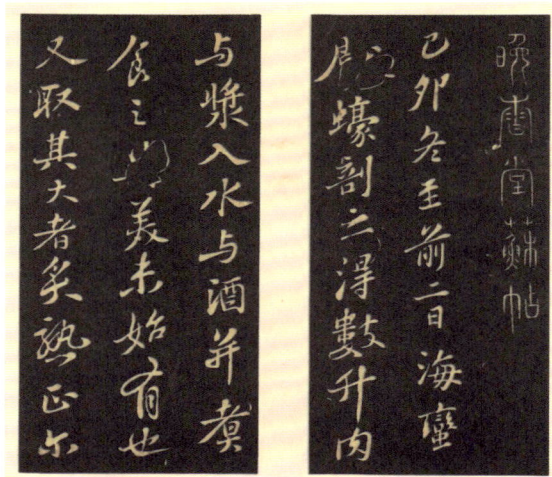

效一饱，割切才牛毛。苦轮攻取难，饱食未能饕。秋风思鲈鲙，霜日持蟹螯。修靶踏羊肋，巨商剌牛尻。盘空箸得放，羹尽釜可燎。等是暴天物，快意亦魁豪。蚝味虽可口，所美不易遭。抛之还土人，谁能析秋毫。

这首诗后来被收录在《东莞县志》和康熙《新安县志》中。诗中写道："亦复有沺民，并海施竹牢。掇石种其间，冲激恣风涛。"其意思是，在浅海中有许多渔民蚝民，把浅滩海水（用杆）围起来，捡来一片片石块放种在其间进行投石养蚝，时而被海水风浪冲激起波涛。

明天顺《东莞县志》书影

南宋是中国历史上农渔业经济发展的最好时期之一。这一时期，中国南方战事较少，社会相对稳定，农渔业经济也得到了较快的发展，对外贸易也较频繁。这一时期，以麻涌、虎门一带为中心的珠江口海湾养蚝业逐渐向下游沙井归德沿海一带扩展，使归德附近一带海域也逐渐形成了规模较大的蚝场。1986年，沙井壆岗村民在其村前咸田一带（咸田一带宋元时期为浅海，明代后受冲积而成陆地）开挖鱼塘时，在2～4米深处开挖大量的蚝壳，经考古鉴定，在该土层存着的大批蚝壳为明代时期的古蚝壳；在地面以下3.5～4米深的土层中也存有大批的蚝壳，并发现有几枚南宋"建炎通宝"的古钱币，经鉴定为南宋文化层，古蚝壳亦为南宋时期的古蚝壳。这一发现，证明了沙井一带自南宋以来即已有较大量的养蚝业存在。

沙井从宋代始养蚝，是世界最早人工养蚝的地方。日本从室町时代（1336—1573）起从广岛地区开始了牡蛎养殖。室町时代的天文年间（1532—1555）安艺国（今广岛县）发明了石莳式牡蛎养殖法，标志着日本牡蛎养殖的开始。石莳式牡蛎养殖法就在海滩潮间带的小石头上养牡蛎。法国从17世纪开始在大西洋贝隆地区养殖牡蛎。加拿大从1912年开始引进日本宫城县真牡蛎，

然后拓展到整个北美，欧洲从20世纪70年代开始引进日本真牡蛎，代替本土活得不太好的一些牡蛎品种。

养蚝业的形成

元代，沙井的养蚝业已有一定的规模，《元一统志》中就有"蚝，东莞八都靖康所产，其处有蚝田，生成水中，民户岁纳税粮，采取贷卖"的文字记载。这一时期，渔民不仅养蚝，而且养蚝已成了一宗较大的产业，需要年年以卖蚝的形式向官府纳粮交税。

明代，由于环境气候的变化，珠江流域的淡水流量开始大量增加，海水逆流由原来反冲至东莞、麻涌、虎门一带萎缩至沙井附近的合澜海湾一带，蚝场不得不由麻涌、虎门一带下移至沙井附近的合澜海（东莞与宝安之界的茅洲河口附近海区）和正对沙井的龙穴洲一带。

相传，明代万历年间（1573—1620），广州有一专做陶瓷缸瓦运输生意的"和合顺"商行，开着备足缸瓦陶瓷的大船从广州出发，路经沙井近海一带海面时恰遇台风，船被吹翻，船上的缸瓦瓷器全部被撞碎沉入海底。两三年后，沙井当地渔民出海捕鱼，发现沉船周围的鲜蚝特别多，于是便七手八脚抢采鲜蚝，少者可采几渔筐，多者可装满半条小船。沙井蚝民从中悟出一个道理，懂得缸瓦瓷片是蚝蛎养殖的理想附着器。由于人工养蚝产业的出现，那时人们将人工养殖出来的蚝叫"人蚝"，野生采集的叫"天蚝"，养蚝与野生蚝有了明显区分。

明末清初，屈大均在《广东新语》中对这一时期的养蚝业作了如下的记载："蚝，咸水所结，其生附石，磈礧相连如房，故一名蛎房。房房相生，蔓延至数十百丈，潮长则房开，消则房阖，开所以取食，阖所以自固也。凿之，一房一肉，肉之大小随其房，色白而含绿粉，生食曰蚝白，腌之曰蛎黄，味皆美。以其壳累墙，高至五六丈不仆。壳中有一片莹滑而圆，是曰蚝光，以砌照壁，望之若鱼鳞然，雨洗益白。小者真珠蚝，中尝有珠。大者亦曰牡蛎，蛎无牡牝，以其大，故名曰牡也。东莞、新安有蚝田，与龙穴洲相近，以石烧红散投之，蚝生其上，取石得蚝，仍烧红石投海中，岁凡两投两取。蚝本寒物，得火气其味益甘，谓之种蚝。又以生于水者为天蚝，生于火者为人蚝。人蚝成田，各有疆界，尺寸不逾，逾则争。蚝本无田，田在海水中，以生蚝之所谓之田，犹以生白蚬之所谓之塘，塘亦在海水中，无实土也。故曰南海有浮沉之田。浮田者，蕹簰是也。沉田者，种蚝种白蚬之所也。其地妇女皆能打蚝，有《打蚝歌》，予尝效为之。有曰：'一岁蚝田两种蚝，蚝田片片在波涛。蚝生每每因阳火，相叠成山十丈高。'又曰：'冬月真珠蚝更多，渔姑争唱打蚝歌。纷纷龙穴洲边去，半湿云鬟在白波。'打蚝之具，以木制成如上字，上挂一筐，妇女以一足踏横木，一足踏泥，手扶直木，稍推即动，行沙坦上，其势轻疾。既至蚝田，取蚝凿开，得肉置筐中，潮长乃返。横木长仅尺许，直木高数尺，亦古泥行蹈橇之遗也。"

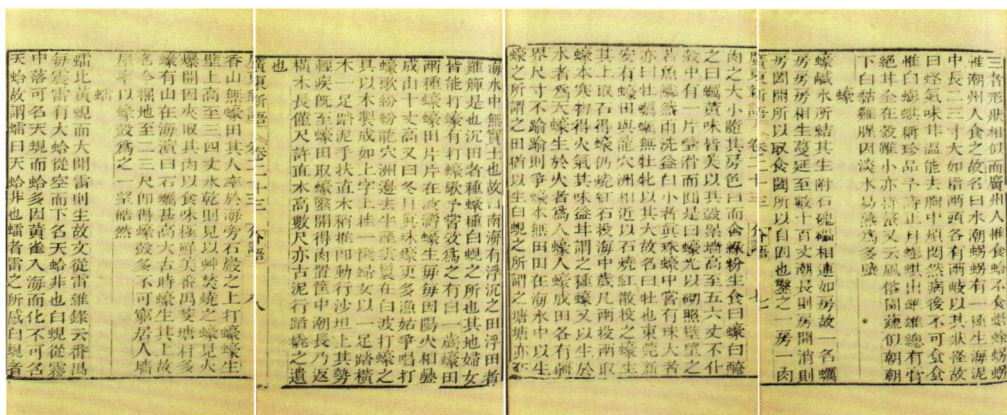

清康熙年间刊刻《广东新语》书影

明代中晚期以后，珠江口海湾养蚝区已经南移至东莞与新安交界海湾一带、与龙穴洲相近的沙井海面，当时这里有了大片的蚝田。说是蚝田，其实是看不到实土的沉田。当时的人们将养蚝的海区称田，将养蚬的海叫塘。不管是种蚝的田还是种蚬的塘，都属于沉田，田在海水之中。当时，称人工养蚝为

"种蚝"，以石片烧红分散投放到沉田中供蚝苗寄附于其上生长，待两年生长肥蚝后将石片取出敲剥出生蚝，然后又将石片投到海中蚝田上，每年两投两取，即一年两次种蚝两次采蚝，形成养蚝规律。人们种蚝的蚝田都有各自固定的海区和位置，因而成田，并各有明确的疆界，不能侵占别人一尺一寸的蚝田疆界，擅自占越疆界就会引起纷争。当时，人们认为蚝本是寒物，只有得到火气，它的味道才适合人们的享用，更加鲜美，因而，种蚝时有烧红石头投放养蚝的习俗。那时候，人们已有将开肉之后的蚝壳用以当作建筑材料垒墙的习惯，高者可以垒到五六丈而不倒。蚝壳中有一种圆滑而晶亮发光的，谓之蚝光，人们多以选择这类蚝壳来砌建筑照壁墙，平时观看它像鱼鳞状发光，雨水淋洒后则变成白色。

屈大均在《广东新语》中还记载到，沙井这一带的妇女都会打蚝，打蚝即采蚝和开蚝的意思。冬天肥蚝特别多，也是打蚝的好时机，渔姑们一边唱着打蚝歌，一边争先恐后地纷纷向穴洲方向走去打蚝，海水退潮之后，年轻妇女们都扛着一种木制的滑板作工具去蚝田打蚝。这种滑板呈"上"字形状，滑板宽尺许，板上的直木高数尺，用以作扶手，上挂一竹筐，妇女以一只脚踏在滑板横木上，一只脚踏于滩泥作支撑，双手扶住直木，稍用力向前推就可以滑动，行进在松软的沙滩上。到了蚝田，将成蚝凿开取出蚝肉，放到竹筐中，待到涨潮时立即返回。这种打蚝用的滑板，是仿照古代泥行蹈橇的样子做成使用的。

明代以来，养蚝不仅是男人的事，而且也成了年轻妇女们的工作，她们主要是负责采蚝的工作，而且是一边打蚝，一边争着唱打蚝歌和其他的山歌渔歌。为此，屈大均还把蚝姑们的《打蚝歌》辑录了两首作了记载，一首为"一岁蚝田两种蚝，蚝田片片在波涛。蚝生每每因阳火，相叠成山十丈高"。另一首为"冬月真珠蚝更多，渔姑争唱打蚝歌。纷纷龙穴洲边去，半湿云鬟在白波"。这两首《打蚝歌》真实地反映和记录了当时的养蚝场面和情景。

创造三区养殖模式

随着海水的消退，从明末清初时期开始，沙井的养蚝业顺着东部海岸线逐渐向南延伸，清初时福永一带的鹤滩也成了主要产蚝区。据嘉庆《新安县志》记载："蚝出合澜海及白鹤滩，土人分地种之，回蚝田，其法：烧石令红，投之海中，蚝辄生石上。或以蚝房投海中种之，一房一肉。潮长，房开以取食；潮退，房阖以自固。壳可以砌墙，可烧灰，肉最甘美，晒干曰蚝豉。"合澜海大致位于步涌、新桥、茅洲墟、碧头墟及以西的海域上，这里有茅洲河和碧头河的淡水注入，大量的微生物浮游生物汇集于此，是养蚝的理想水域。白鹤滩在今天的福永河口至鹤洲一带，有七八条小溪水河注入这一带海域，加上咸水受到上游影响而淡化，同样是养蚝的理想水域，因而养蚝业很快就得到发展。

清乾隆初年，由于珠江流域水土流失严重，珠江口上游受泥沙淤积严重，咸水萎缩，盐田荒芜，盐产量不断下降。乾隆三年（1738），官府奉文将虎门麻涌一带的靖康场（盐场）归并地处沙井的归德场，改名为归靖场。嘉庆《新安县志》在重新收录梅尧臣的《食蚝》诗时，特地将诗中的靖康蚝也改成了归靖蚝。到了乾隆五十四年（1789），由于盐分进一步减少，沙井的归德盐场也难以为继，官府遂于当年实行改埠为纲，撤销了归德场盐官，取消了归德盐场。

归德盐场的撤销，给沙井的养蚝业发展带来了巨大的空间，也造就了一个养蚝业发展的黄金时期。自此，使沙井的养蚝业出现了历史上的第二个大发展时期，原来的盐场、盐田，除了部分被截塞填土外，大部分逐步被改造成为蚝田，迅速扩大了蚝田的面积，使蚝业产量出现了一个较快的增长期。这一时期，由于蚝产量的较大增加，蚝制品的销售也得到了迅速增加，销路从满足本地和附近需要发展到远销广州、东莞、番禺以及后来被英、葡占领之后的香港和澳门，有部分还被商家销往新、马、泰等东南亚国家和地区。

清代乾隆年间，养蚝业南移，已发展到蛇口后海一带海面。后海一带多为渔民，历来不养蚝，只以捕鱼为生。乾隆三十七年（1772），沙井蚝民在后海一带的养蚝业与当地渔民的捕鱼业发生了不少矛盾。当时渔民看到沙井蚝民占据了不少海面作蚝田用以养蚝，有碍其捕鱼捉虾，便利用晚上偷偷地把蚝田捣烂，把围养的竹竿拔掉，引起双方的争执。后来，为此打了一场官司。管辖后海蛇口一带的官府，出于对当地渔民的保护，下令禁止沙井蚝民在后海一带开辟蚝田养蚝。同时，还将官司文本刻立成一块《蒙杨大老爷示禁碑》，明文禁止蚝民在后海一带养蚝。

碑文内容为："蚁等住居后海小村，枕近海傍，海多田少，靠海养生，自立县迄今，不许载放蚝田，大碍贫民下滩采拾鱼虾、螺蚬等物度日，起见本月十三，实有西路光棍不报姓名，用船装载蚝种，胆在后海滩处所肆放蚝块。洞思蚁等通乡男妇，凡遇退潮，朝夕下滩捡采螺、虾、蟹、鸭螺等物。近来饥荒，全赖海滩蟹、螺救活贫民。若被强霸放蚝，则一乡村老幼千命束手待毙，立填沟壑。但乡村小艇往返湾泊，一时遇风，必被蚝壳割断绳缆，船人难保，将来贫民落海，祸患无穷，流离失所，蚁等约目击必悲，迫泣叩仁资宪，格外施恩，大展慈悲，超恰示禁，不许放蚝。"

沙井蚝民在不断拓展养蚝海域空间的过程中，逐渐发明三区养殖法——采苗、养殖、育肥分别在三个海域进行。春天，在黄田固戍海域投放附着器采苗；夏天，将这些附着蚝苗搬到后海、前海海域，让蚝长大；秋天，将蚝搬到海藻食饵丰富的沙井海域育肥。沙井寄肥塘位于交椅湾，据说这些蚝田原为碧头乡的祖业，清乾隆二十年（1755），东莞江背乡戴姓人家侵及蚝田利益，碧头乡与之打了一场官司。后来碧头乡鉴于经营蚝业太烦人，就将蚝田全部租给沙井。民国十一年（1922）沙井乡向广东省财政厅申报交税，蚝田就成了沙井乡的育蚝肥塘。

清代中后期以后，沙井不仅养蚝业得到发展，专业蚝民也得到较快增多。沙井大村、步涌等村原来务农务盐村民较多，到清中后期以来，很多农耕者变成了渔耕者，又由渔耕者转变成了专业养蚝者，到清朝末年，沙井从事养蚝业的人员足有上万人，成了珠三角一带的一支养蚝大军。

民国宝安水产大宗输出品

据民国十六年（1927）《宝安县农业调查报告》称：民国十六年前后，蚝之输出品，约值银元150万。其中第一区（陈屋、向南大酒、海下、吴屋、白石洲、后海）20万元。第二区（固戍）2万元。第三区（沙头尾、沙尾）15万元。第四区（沙井、福永）100万元。到民国二十三年（1934），宝安县水产以蚝为大宗，以蚝为生者达万余人，岁值二三百万元。当时的沙井蚝闻名港澳和广州。沙井蚝田计自沙角凤凰山脚起，以至上下涌口，面积有200余顷，盛产之时，年达九十万元，海岸线30余里。

沙井蚝塘（田），计有合澜塘、浩栏塘、纪会塘、霭塘、一塘、德和塘、涂合塘、同德塘、愈肥塘、霭西利塘。蚝塘有业主，该处佃人向业主批租蚝田而自行养蚝者，约有千人，有十数人共批一塘者，亦有六七人共批一塘。蚝塘之大小，由30～100蚝条不等，租价由100元起，至500元或600元，批期为五年，亦有三四年。

当时养蚝的生产程序是：（1）种蚝。即采苗，每年五六月间，把附着器投入海中采蚝苗。（2）列蚝。即把附生蚝种的附着器稍移其位置，防止下沉或被淤泥覆盖。每年要列蚝多次。（3）搬蚝。沙井蚝塘的水质夏淡秋咸，不适蚝种养成，所以种蚝后第三年八九月间，蚝种长至三四寸之大，则搬往沙井蚝塘育肥。（4）散蚝。即干潮后，把投下的蚝种，进行有规则地置放。（5）开蚝。开蚝季节在十二月至次年三四月间。除歉收外，一般每一载船之蚝种，可得五载船之肥蚝。

蚝豉的销售。蚝豉有生晒蚝豉和熟晒蚝豉两种。生晒蚝豉多数销往香港，熟晒蚝豉销往广州为主，港澳次之。生晒蚝豉每环18～20个蚝，销价0.1～0.2元；熟晒蚝豉每担售价四五十两至七八十两银元。

1931年是沙井蚝产量在民国时期最高的一年，开蚝达2万井（井为10尺×10尺×1尺），收入白银200万元，有蚝船300艘。蚝产品多为生晒蚝豉和熟晒蚝豉两种，生晒蚝豉多销往香港，每串18～20个蚝，销价0.15～0.31港元，熟晒蚝豉以销往广州为主，少量销往香港、澳门和其他地区。

1936年，沙井从事蚝业人员达一万人，大小蚝船350多艘，年产鲜蚝为6500船，每船可开出熟蚝200市斤（100千克），计约合熟蚝13000担。

1938年宝安沦陷，沙井为日寇侵占，蚝民屋舍被毁，蚝船被劫40多艘，蚝民被杀害200多人，逃难异乡者3000多人，蚝产量急剧减少。据《广东经济年鉴》中的《咸水养殖业》记载：1940年沙井从事养殖业的仅有600人，今宝安县年产蚝为1万担，产值24万元。

1940年，宝安出现了少有的大旱。由于雨水不充足，导致海水盐分比例大，浓度高。当年，大部分养殖的蚝由于海水浓度过高而死。遇到死蚝现象，没别的办法，只能等到第二年重新产苗。

1945年抗战胜利到1949年新中国成立，沙井养蚝业一直没有得到恢复。1949年，沙井蚝船只有92艘，年产鲜蚝7000担。

前面银行，后面粮仓。新中国成立前，沙井沿海一带的土地全部由义德堂拥有，前面银行是指蚝田，从虎门到后海，大约有3万亩，沙井大村有船的人家都可以去养蚝，没有租金，养好的蚝从南头搬出要收一次管理费，搬到沙井蚝塘寄养，也要收一次管理费。富蚝拥有船只和养蚝工具，自己不用落船养蚝，一般招收蚝工为其打工。后面粮仓是指良田，主要租给水上人家种粮收租。

1949年地方小报的报道

走社会主义合作化道路

1949年10月，沙井解放。那时沙井的蚝船只有92艘，年产鲜蚝7000担。

1950年，宝安县农村进行土改、渔村进行渔改。蚝业多属于沿海半农半渔地区，因此蚝民有的参加农村土改，有的参加渔村渔改。蚝业按地主、富蚝、上中蚝、中蚝、贫蚝、蚝工划成分。另外，分配给蚝民一定面积的宅基地，作为解决蚝民的居住用地，以建设新住宅。

宝安县土改时规定：凡有2.5井蚝产的，不得分田，只分蚝田。沙井养蚝生产场

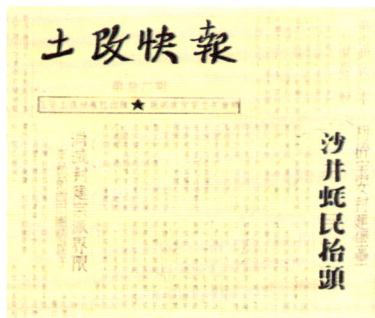

沙井蚝民土改的报道

地按照特性，分有采苗区、生长区、寄肥区，福水和黄田为采苗区6000多亩，南头和后海湾为生长区4万多亩，珠江口以至茅洲河以西一带滩涂海面为沙井寄肥区1万多亩。沿海滩涂水面属国家所有，但根据沙井农民世世代代养蚝的历史，土改时决定蚝民不分，只分蚝田。从此，沙井6000多蚝民享有如上所述海区范围的蚝田使用权益。但是，蚝田又不同农田分到各家各户，原因如下：一是滩涂水面属国家所有，不能分到户；二是海区辽阔，难以分到户；三是当时蚝民比较贫穷，无资金，一家一户难以经营，要由几个人联合起来造一条船，以船为作业单位合作生产。所以蚝田以原耕为基础，统一归乡管理。为扶持蚝业生产，有以下举措：一是政府发放蚝业贷款人民币20亿元（旧币）；二是组织蚝民协会；三是县政府设立水产科，加强蚝业的组织管理。

由于蚝民养者有其蚝，养蚝业恢复很快。1950年，沙井年产鲜蚝2832艇[每艇蚝约开采熟蚝200市斤（100千克）]，年产熟蚝5664担。1951年，沙井有7个村养蚝，其中最多的沙井一村、沙井二村、沙井三村、沙井四村共有1789户6700人属蚝业户，蚝艇180艘，产鲜蚝3000多艇，约合熟蚝6000担。很多人特别是无艇蚝民不能维持生活，跑到香港元朗去做蚝散工。

1952年在善学围一带兴建了水产站，收购、加工鲜蚝，销往附近和香港、澳门，以及东南亚各国。

1953年，沙井有蚝业人口（包括半蚝农业村朝阳、东风大队）838户2996人，半农半蚝人口150户592人，有蚝船163艘，蚝产量3880艇，约合熟蚝7760担。

1954年，随着蚝田的不断扩充，养蚝附着器出现短缺，为扩大养蚝附着器的来源，有以下举措：一是社长陈淦池只身带头到小铲岛开荒挖石捡蚝壳，继而于1956年将该岛作基地打石爆石，大大解决了附着器的不足和来源；二是合作社派船派人到盛产缸瓦陶瓷的佛山收集缸瓦陶片，扩大了养蚝面积。与此同时，革新养殖技术，充分利用蚝田空间，进行合理放养科学调配使用劳动力等，使蚝业连年丰收。

1954年初，在全社会互助合作运动的影响下，沙井四村陈淦池经过串联，组织成立了第一个蚝业互助组，当时有陈淦池、陈惠池、陈淦槐、陈永锦、陈纳允、陈东财、陈灿勤、陈榜佳等八户蚝业人家参加了这个互助组。互助组实行互助合作经营方式，蚝船共同使用，互相调剂，解决了无船者出海养蚝的运输工具问题，其他蚝具也互相调剂使用，发挥了生产工具和劳动力的协作作用，推动了生产发展。其他蚝户接着也纷纷效法，组建了多个蚝业互助组。刚成立互助组时，为解决养蚝急需的附着器不足的问题，时任互助组组长的陈淦池只身来到荒无人烟的小铲岛，搭上几大块稻草当住处，捡蚝壳、凿岩石，一待就是几个月，人们敬称他为"陈天胆"。

1956年，宝安县政府根据中央关于在全国组织生产合作社、信用合作社、供销合作社的指示精神，指派水产科邓彦章带领工作组，到沙井蚝村调查摸底做通工作，将沙井三村、沙井四村的三个互助组合并成立了沙井蚝业的第一个初级生产合作社，蚝民称之为"老社"，随后，沙井一村也跟着成立了一个蚝业初级生产合作社，蚝民称之为"二社"。初级社实行各蚝户蚝民将自家的蚝业重要生产工具计价入公作入股登记，不兑现金，将其作为集体公共财产，由合作社统一安排使用。这样，合作社可以对如蚝船等重要生产工具实行统一调配使用，大大发挥了主要生产工具和蚝民劳动者的潜能，促进了生产发

1956年春节，陈润培一家在大王庙前的合影

（陈润培提供）

展。1956年底，沙井将两个蚝业初级合作社合并，成立了沙井蚝业高级生产合作社。社长陈淦池，副社长陈惠池、陈贺苓，社委员有陈灿森、冼吐霞、陈福林、陈灿兴、陈满棠、陈敬欢等。社址设在沙一村英乐社旧址（原班蚝一村委办公室）。沙井蚝业社建立船厂修造蚝船，促进生产。

1956年，沙井蚝业社投下附着器1.35万井。1957年沙井蚝业社投下附着器1.16万井，为取得更多的蚝产奠定了基础。1957年，沙井蚝业合作社有蚝民1073户4135人，蚝田2.2万亩，大小蚝船282艘，年产鲜蚝5.03万担，总收入144.8万元，平均每个劳动力收入616元，比1956年增收165元，据沙井信用社统计，蚝民存款为：1954年存款13.2万元，年底结余3.53万元。1955年存款78.62万元，年底结余15.27万元。1956年存款184.7万元，年底结余35.11万元。1957年，沙井蚝业合作社被评为"全国劳动模范集体单位"，社长陈淦池代表出席了在北京举行的全国农业劳动模范大会。大会期间，毛泽东、周恩来、朱

德、陈云、邓小平、彭德怀、邓子恢等党和国家领导人接见了包括陈淦池在内的全国劳动模范代表，并合影留念。

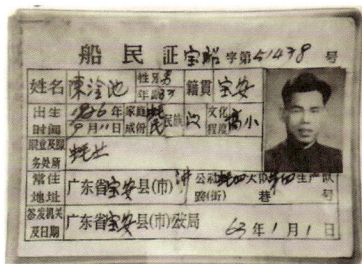

沙井蚝村呈现一派欣欣向荣的景象。有一首歌谣："有女要嫁沙井人，朝鱼晚肉吃三餐，新房楼舍随时建，衫裤鞋帽样样新，连年增产又增收，猪乸戴上金耳环。"由于沙井蚝业社取得显著成绩，1956年、1957年沙井蚝业合作社均被评为"模范合作社"，两次由陈淦池代表上北京参加全国劳动模范大会。

公社化的蚝业生产

　　1958年8月，在北戴河召开的中央政治局扩大会议上，通过了《关于在农村建立人民公社问题的决议》，正式决定在全国农村中建立人民公社。该决议指出，"人民公社将是建成社会主义和逐步向共产主义过渡的最好的组织形式，它将发展成为未来共产主义社会的基层单位"。并宣布"共产主义在我国的实现，已经不是什么遥远将来的事情了，我们应该积极地运用人民公社的形式，摸索出一条过渡到共产主义的具体途径"。这个决议下达后，把人民公社化运动迅速推向高潮。

　　1958年，超美人民公社成立，沙井蚝业高级合作社改名为沙井蚝业大队。该年在黄田采苗区采到优质白肉蚝苗3981井。

沙井蚝厂晒蚝（吴序运摄）

1959年3月，西海人民公社成立。该公社位于深河和珠江口沿岸一带，包括伶仃、大铲、小铲、孖洲等岛屿，是由原来沙井、沙头角、蛇口三个墟镇中的七个高级蚝业社、五个渔业社和两个国营海水养殖场以及两个蚝业加工厂合并而成的。外湾渔民15000多人，是宝安县最发达的渔业区，是以渔、蚝业生产为主的水产公社，每年渔业总产量达到20万吨，蚝田面积33820亩，约占全县蚝田总面积的90%，年产量在10万担以上。蛇口是公社所在地，是宝安县最大的渔港，那里有规模巨大的造船厂、国营水产公司。另外，后海盐场、海肥厂、海水养殖场等也有相当的规模。居民全部是渔民。中华人民共和国成立后，政府在蛇口建设避风塘，设立气象台和广播站，每逢台风到来，渔民接到台风预告就归航，生命有保障，渔民子弟也可以在新建的蛇口渔民小学读书。

沙井蚝业大队划归西海公社后，开辟棚头、姑婆角（一、二村）、小铲、赤湾（三、四村）等新地域，开始建立打石基地，采用"蚝忙以蚝为主，蚝闲集中爆石"的方法，以石头养蚝为主。

1960年，广东省水产厅投资10多万元，由新洲渔轮厂设计承造一艘机动蚝船，交沙井蚝业大队试验使用。

1961年，由于决策不当，将优质白肉蚝3981井搬往小铲、孖洲等深水区养殖，全部失败，该年减收蚝产2万多担。

1962年，沙井蚝业大队在合作化时期积累的50万元家底，被"平调风"刮走了，蚝民失去信心，该年投放附着器3660井，仅为1960年的12%。本该作为附着器的石头，当成建筑材料卖到深圳。不少蚝民弃蚝就副（副业），或非法去港澳。

1963年1月，西海人民公社解散，沙井蚝业大队重新划归沙井人民公社管辖。沙井蚝业组织以沙井一村、沙井二村、沙井三村、沙井四村四个村中的蚝民组织为基本单位组建了沙井蚝业生产大队，以沙井一村蚝民组成蚝业第一生产队，沙井二村蚝民组成蚝业第二生产队，沙井三村蚝民组成蚝业第三生产队，沙井四村蚝民组成蚝业第四生产队。另外，东民、东塘等部分村的蚝民各自组成了东民、东塘蚝业生产队，隶属于其所在的沙井大队管辖，经济业务则从事蚝业生产。

人民公社时期，各蚝业队的生产资料都属集体所有，蚝业经济活动均以蚝业生产队为基本单位的集体生产形式，生产队统一安排蚝业生产各项工作。1957年起国家实行统购统销政策，沙井蚝业生产收成的蚝也实行统购统销，由国家（通过水产供销社）统一收购调拨销售。分配方面，以各蚝业生产队为基本单位的劳动记分制，以一个正式劳动力出勤一天记工10分为标准分，出勤时间不足或半劳动力（未成年人）的相应递减，每月小结一次，每个劳动力按工分多少计算分配。总的分配一年结算一次，年年如此。由于实行了蚝业生产地域海域经营体制，沙井的蚝田相对减少，蛇口等一带海域多为当地蚝民所经营，因此蚝业产量也相应减少，1958年、

蚝民赶海

1960年的沙井鲜蚝年产量仅为历史高峰期的1957年总产量的一半以下。

1958年起，为了扩大附着器材料的来源，蚝业大队又开辟了打石基地，以石头石片作附着器养蚝。他们请来专业爆破人员传授爆石技术，组织以妇女为主的专业爆石队伍。1959年，为解决养蚝附着器不足的问题，蚝一、蚝二村生产队开辟了棚头、姑婆角采石场，蚝三、蚝四村生产队开辟了水铲、赤湾等采石场，采用养蚝忙季以殖蚝为主，养蚝闲季则调集力量爆石取材。由于男人常年出海育蚝，蚝业大队属下的蚝一、蚝二、蚝三、蚝四生产队都以妇女为主组织了专业爆石队，打眼装药、爆石运石，大都由女队员承担，她们敢于日夜奋战，不顾肩损手破，硬是把一筐筐石片运到海上蚝田，保证了养蚝附着器的

供应。同时，还大胆使用新工艺新方法，使用空气压缩方法采石，减少碎石废料，提高石片利用率。大量的石料和水泥件料的采集和生产，完全代替了过去以蚝壳和缸瓦陶片为附着器养蚝的历史。降低了成本，增加了产量。

1961—1963年，全国出现严重自然灾害，国家处于经济困难时期，由于受自然灾害和其他因素影响，沙井养蚝业也遭受较大损失，鲜蚝年产量处于新中国成立后的最低期，不及1957年高峰期的五分之一，生产处于严重下降情况。为了扭转这种局面，国家对蚝业采取了相应扶持政策和措施：（1）从1963年起蚝产品的收购价格提高了34.3%。（2）经济困难期间拨给宝安蚝业生产无息贷款10万元，其中大部分主要拨给沙井蚝业。（3）另拨出专款2.5万元进行修建与蚝业有关的船坞、河道航标。（4）以每担10元的优惠价供应蚝业生产专用柴油，减轻蚝业生产成本。（5）大力推广使用成本低廉效果好的水泥附着器，普遍推行以水泥附着器采苗。这些措施的实行推动了蚝业生产的恢复和发展。

随着生产的发展，场地争执、纠纷越来越突出。经过调查研究，有关部门反复讨论，广东省水产厅于1964年底发出《关于海水养殖生产场地使用的规定（试行草案）》。各地根据文件精神，解决不少争执和纠纷事件。宝安县经过几年的努力，对5万多亩蚝田进行测量，竖立标志。根据本地实际情况解决了社与社、队与队之间的"插花地"问题，减少了争执，促进了生产。

1964年以后，沙井养蚝业生产得到了恢复和发展，年鲜蚝产量已恢复到自然灾害和经济困难前的年产水平，1965—1966年鲜蚝年产量已创1958年人民公社化以后的最高纪录。

1965年5月，全省蚝业现场会议在宝安县召开，将水泥附着器在全省沿海推广。1965年，中南局和省政府有关部门给蚝业解决专用水泥

近1万吨（其中宝安4850吨），贷款25万元；1966年，中南局又拨给广东1万吨水泥作蚝业专用，并拨给贷款50万元扶持蚝业生产。1967年，养蚝水泥正式列入国家计划，当年计划供应水泥1.7万吨。省财政厅税务厅于1995年通知：蚝业专用水泥，作批发处理，不征零售。

经过整顿和开展社会主义教育运动，占全省蚝产近三分之一的沙井蚝业大队干部和蚝民生产积极性高涨，恢复和发展生产并取得很大成绩。1965年，沙井蚝业大队蚝民1162户、5229人、2234个劳动力，蚝田1.88万亩，大小船只279艘（其中机动船35艘、1852.32千瓦），是全省蚝业机械化水平最高的一个大队，并创办了机械修配厂、造船厂、砖瓦厂和竹林场。1964年度生产鲜蚝3.6万多担，比1962年增产56%，总收入180万元，平均每户收入1000多元，每人收入242元。因此，1965年7月，其典型事例以"在前进中的沙井蚝业大队"为题，送北京农业展览馆展出；1966年，以"科学养蚝，稳产高产"为题，参加广东省水产展览馆展出。

沙井下涌水泥附着器堆放场（吴序运摄）

1970年起，中国水产科学研究院南海水产研究所科技人员郑运通、杨瑞琼、邱礼强与沙井蚝业大队合作，设计并制造出牡蛎深水养殖水泥正方形填空附着器，内填麻骨、谷壳等轻物，外包水泥，至1973年制成14吨，深水投放养

沙井公社全图

左三陈锦培（沙井人民公社社长），
左二陈仲良（东风大队书记），右二
梁德明（和平大队书记），右一陈炳
培（壆岗大队队长）

宝安县渔业指挥部投放会议全体同志留念

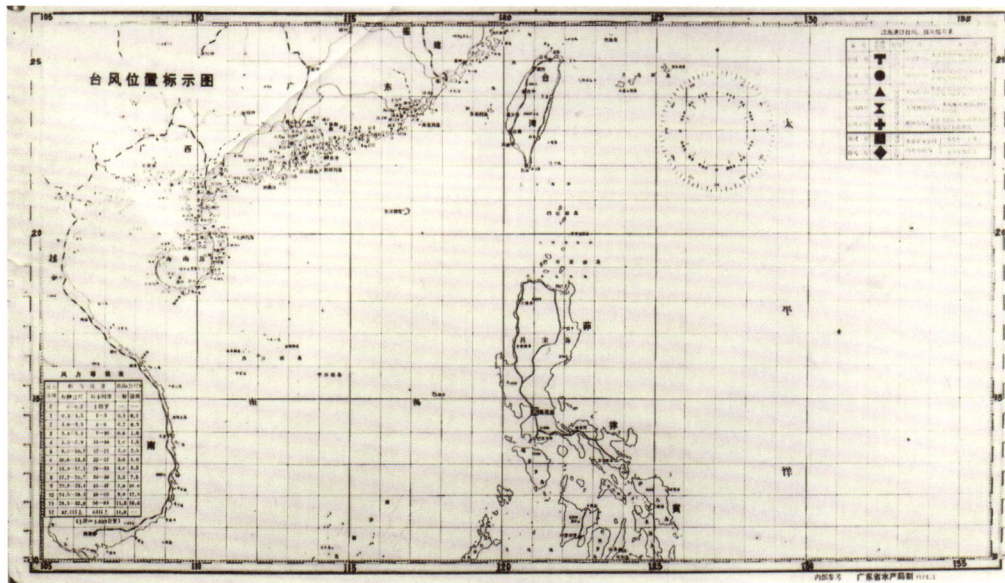
台风位置标示图

气象台发给蚝民的台风位置标示图照片，蚝民收听台风预报广播判断台风动向

殖获得成功。该器体轻、不易下沉、附苗多、养成率高，蚝苗生长快，制作方便，成本低廉。之后，在沙井至蛇口一带普遍推广，为提高养蚝产量作出了贡献。沙井蚝业大队仅在1976年投放这种附着器1.5万多井，收入292万多元。

1972—1975年，沙井蚝业经济发展又受到一定冲击，年鲜蚝产量又降到1964—1965年经济恢复期的水平，维持在鲜蚝2.5万担左右的数量。1975年起，邓小平主持国务院工作，整顿社会经济秩序，狠抓经济，沙井蚝业生产又得到较快发展，之后每年的鲜蚝产量都以比1972年成倍数、翻一番以上的产量增长，1976年鲜蚝产量超过4.1万担，1977年产量超过4.7万担。

晒蚝（何煌友摄）

开蚝也是一项艰苦的工作
（郑中建摄）

输出养蚝技术

沙井人养蚝技术有上千年的历史，蚝民养蚝有着丰富的经验和技术，1957年，沙井蚝业社被国家评为农业社会主义建设先进单位并出席全国劳模大会之后，苏联、日本、越南等国水产专家都相继前来沙井考察，学习了解沙井的养蚝技术和经验。1959年，受广东省水产部门委托和安排，沙井蚝业大队派出一个养蚝技术小组到阳江沿海去帮助当地渔民养育成功蚝苗，开辟出大片养蚝场，为当地开发出了养蚝产业。1962—1964年，受国家安排，沙井蚝业大队派出了以陈木根为领队的养蚝技术小组到辽宁大连市，帮助当地大连湾沿海附近的几个渔业大队成功试育出蚝苗，开发出十几个养蚝生产海区，并积极向当地渔民传授养蚝技术和经验，使过去一直没有养蚝业的大连湾各渔业大队均开发出了一个新的养蚝产业。

1961年，越南还通过外交途径，专门邀请沙井养蚝技术员帮助他们开发养蚝业生产。当年，宝安县水产局和沙井蚝业大队派出陈运添为领队的养蚝技术小组到越南传授沙井蚝养殖技术。1967—1968年，应邀再次派出沙井蚝业技术员陈木根为领队的技术小组，用两年时间在越南广宁省海防的腾江、争江入海口海区一带帮助育苗采苗成功，开发出大片的养蚝海区，把养蚝业开辟成为越南海防一带的新兴水产业。同时，还为当地培训了大批养蚝专业人员，使养蚝业在越南得到很大发展。

陈木根是沙井有名的老蚝工，1935年开始学习养蚝，1962年去辽宁大连的大连湾传授放蚝技术，1961年被邀请到了暨南大学水产系在深圳南头和蛇口的浅海试验站开展养蚝试验工作，并负责指导暨南大学水产系的学生实习，1963年调到了南海研究所。同年，因工作需要，回到了深圳蛇口的养殖场工作。

1967年，陈木根受国家水产部的委派，前往越南传授养蚝技术和经验，同行的还有广东省水产厅的2名技术人员和1名韶关籍的养蚝技术人员。出发前，当时的省人委专门组织他们进行了3个月的学习，学习内容包括国际、国内政治形势，越南的民俗风情。当时省人委的人告诉他们到了那边一定要谨慎，坐车、走路的时候千万不要东张西望。

因为那时红卫兵串联，陈木根等人不能坐火车前往越南。由当时的省水产厅包了一辆汽车从广州出发，一直到达越南的友谊桥，越南派了大批人员在边界迎接陈木根等中国专家。一行人在边界的一个招待所住了一个星期左右再向目的地进发。

陈木根一行去的是越南的广宁省海防市。但由于当时的政治原因，无论是陈木根一行人还是越南方面的人，在交往中都很谨慎，生怕说错了什么。就是在自己住的地方也怕有监控器，陈木根他们也不敢大声说话，每晚熄灯后才敢在床头悄悄地聊天。

当时的广宁省省长是一位从暨南大学毕业的华人，因此经常去看望陈木根，几乎

陈木根生前留影
（程建摄）

陈木根获得的在越南工作的中国专家友谊徽章

每次见面都是喝酒唱歌，那时候都是唱革命歌曲，一唱起来大家都觉得好像是回到了自己的祖国一样。有一次，广宁省省长来看望他们，一进来，他们就发现有点不对，因为他带来的人不是平时的那帮人，往常省长一来就跟他们唱歌的，但是那次他一来就埋头吃东西，什么也不说，还不时地给他们使眼色。他们马上意识到有问题了，也不说话了，大家都只是吃东西。后来不知为什么，那省长就再也没有来过了。

在越南工作的陈木根等中国专家，每月都要定期回到河内的大使馆汇报情况。

当年陈木根是作为中国专家去越南支援的，当地政府对他们吃住等生活都安排得很好，经常会带着陈木根等人在越南各地游玩。在那个困难的时期，他们每天都有海鲜吃、有酒喝，还有很多当地特色食物。

经过陈木根等人的努力，研究终于出了成果。第一次取苗成功的时候，他们用红布把蚝包好，准备亲自送给当时越南的总书记胡志明，但后来因为他突然有其他事，没有亲手把蚝种送到胡志明手中。在越南的时候陈木根领2份工资，一份是深圳蛇口养殖场的50多元，另一份是越南那边给的70多元，加起来就有120多元了，当时的一个公社书记的工资也就是30多元。在越南的4年，吃住都是有人安排好的，陈木根不怎么需要花钱，几乎把领到的工资都寄回了家里，陈木根的家人在村里盖起了一栋令人羡慕的两层房子。

在陈木根等人回国的时候，当时越南的总统范文同给他们颁发了中越友谊徽章，还送了很多的礼物给他们，但由于当时的条件限制，完成任务回国后的陈木根一直没有与越南再有联系。回到家乡的陈木根，成为明星人物，被邀请到各个中小学校巡回演讲，向广大中小学生讲述在越南的故事。

推广"筏式吊养"新技术

育肥，是牡蛎养殖最后一环。生产习惯是把养成3龄多的牡蛎从养成场搬迁到离江口咸淡水交界饵料丰富的育肥场地播放养。经过育肥（2—7个月时间）的乳蛎，其产量和产值可分别比不育肥的提高一倍到几倍。然而，由于某些育肥场海况的异常和随着生产力的迅速发展，育肥牡蛎放养密度过大等，往往难以育肥。

1973年开始，南海水产研究所郑运通、陈福华、张汉华等技术人员与宝安县沙井蚝业大队在珠江口沙井蚝塘（牡蛎寄肥海区）开展"竹筏式"牡蛎育肥试验。参加部分试验工作的还有陈榜佳、邱礼强、陈贺岭、陈浩才、李永凡、区又君、袁中亚等同志。

经过育肥34~45天的牡蛎，其肥满系数由7~8左右增至11~13，达到或超过收获商品规格。首次在海区传统育肥方法未能达到育肥目的的情况下，实现了短期内促肥的效果。

1978年下半年，国家水产总局组织"中国渔业协会牡蛎考察组"到日本考察，沙井公社副书记陈造松和沙井蚝业几位骨干也同组前去考察，回来后在蛇口开展学习日本的"筏式吊养"养蚝试验。1979年，沙井蚝业大队率先把日本的周期短、产量高、操作方便、机动性强的"筏式吊养"试验成功，使蚝的成熟周期比传统的养殖方式缩短了一半，产量则提高一倍，由于可流动养殖，四季均可有鲜蚝上市，取得可观的经济效益。采用"筏式吊养"后，蚝吊养一次需时60~90天，从竹排采苗开始到育肥收成只用了2年，而传统养蚝则需要4年。吊养的蚝肉肥体嫩、质高，几乎全部用于出口香港等地。

此后，该"筏式育肥法"逐步在深圳市、珠海市和湛江市等地推广应用于生产，并取得良好的经济效益和社会效益。一般每台筏吊挂牡蛎520笼，约5500公斤，育肥周期2个月左右，产鲜牡蛎肉375～550公斤，纯收入为1500～3000元。

1987年，沙井已有368台筏。吊养蚝远离海岸，吊于水深中上层，水流畅，污染小，蚝肉颜色雪白、肥大、爽口，曾出现香港同胞组团回沙井食吊养蚝的热潮。1990年，宝安县政府以及下属的镇、村对发展吊养蚝给予大力支持，共拨款72万元，给每发展一台吊养蚝的人家，补助2000元。为此，吊养蚝基地从蛇口，发展到小铲、福永、沙井等海区。福永、新安两镇蚝业村基本实现户户有吊养蚝排，人人搞吊养。吊养蚝增至600多台，年产量为698.25吨，产品基本出口香港。现在筏式吊养蚝从笼式发展为串式，即简化了盛载养蚝的网笼，改革减省为用尼龙绳穿串式或水泥黏附成串，此法不但增加了吊养蚝的产量，还大大节省了成本。同时，利用鱼塭育肥蚝，实行鱼、虾、蚝混养，收到较良好效益。2003年，连接香港的西部通道，在蛇口东角头要建设跨海大桥，经过吊养蚝区，有关部门对受影响吊养蚝排作了搬迁赔偿，但适宜吊养的海区小，水流急，近航道，发展回旋余地少，吊养蚝排数量也在减少。

放开蚝品的购销市场

　　1978年12月，中共十一届三中全会召开，之后，农村（包含渔业）实行土地经营管理制度改革，推行家庭联产承包责任制经营，取代吃"大锅饭"的旧式生产经营体制。1981年，蚝业大队的全部蚝田蚝塘，均实行了以生产队和生产小组为单位的联产承包责任制经营，大大调动了蚝民的生产积极性，蚝业产量不断上升。

蚝民在承包的蚝田里进行田间管理（陈永申提供）

1979年，除蛇口公社为水产（渔蚝业）公社外，宝安全县有蚝业大队6个，蚝业1926户8089人，蚝业劳动力3049人。

1979年后，深圳市允许蚝民到香港销售自留的蚝品，每次限于4天时间内，但因当时"逃港"人数急剧增多，接着就取消了这个规定。在允许蚝民可以出港销售这段时间，蚝民知道香港蚝品价格比内地收购价高出许多倍，有利可图，就经常走私偷运蚝品到香港销售挣钱。1981年，深圳市水产部门就采取七成蚝品由水产部门按原价收购，三成蚝品按高价（市场价）收购出口的措施，但还是无法杜绝蚝民自己偷运蚝品到香港销售的风潮。1982年，深圳市政府取消了蚝品统购统销政策，实行代销收购的措施。到1991年，则全面放开蚝品的购销市场，让蚝民自主销售，面对市场自由买卖。

蚝品销售政策渠道放开放活后，极大地调动了蚝民养蚝的生产积极性，产量迅速上升，蚝业生产迅速发展。1981年，沙井蚝业大队鲜蚝产量6650担，1982年便增加至18415担，是上一年产量的近3倍；1984年，沙井蚝业大队鲜蚝产量22847担，比购销渠道放开前的1981年增加了2.4倍。1991年，销售市场全面放开后，当年鲜蚝产量就达25866担，创了新高。

随着农村生产责任制的落实和完善，以及改革开放政策的贯彻，蚝业有很大的发展。20世纪80年代，省政府在蚝民中贯彻生产承包责任制，取消派购任务，实行产品由生产者自行处理；同时，增加了养蚝水泥的供应。对深圳、珠海经济特区，实行"水产品小额贸易"的经济政策，即生产单位完成一定上缴任务后，产品可由生产单位按规定报关后，运往港澳市场销售，并免税购进一定生产资料和生活资料，所得的外汇，给予优惠折算。沙井蚝业大队每年定额向市人民政府交纳鲜蚝300担和25万港币（任务蚝按国家收购价收购，港币按国家汇率折回人民币），多余鲜蚝即可运往香港销售。这项政策，减少了出口环节，提高了蚝民的经济效益，既促进了特区蚝业生产，又促进了非特区蚝产品的流通。特区蚝民到非特区购买瘦蚝或未到龄的蚝，进行短暂的养殖、育肥，然后运往港澳出售。这样，出现了采苗、养成、育肥分工专业化，缩短生产周期。这对特区、非特区蚝民都有利。

1985年之后，沙井蚝业村蚝业收入每年1500多万港元和300万元人民币。全村拥有机动蚝船386艘，8575.55千瓦。95%蚝民新建房屋楼房，投资95万元建起了一所较为先进的蚝民学校。投资30万元，解决蚝民饮水问题；资助20万元修建沙井环镇路；资助7万港币兴建沙井卫生院，方便村民看病就医。改革开放给宝安养蚝业发展带来生机，成为水产出口创汇基地之一。沙井蚝小额贸易情况：1987年1844吨，2834万港元；1988年1207吨，2173万港元；1989年949吨，1755.65万港元。1990年，宝安区有纯蚝业村沙井蚝业一村、二村、三村、四村，福永蚝业村、西乡蚝业村等，962户3462人，2544个劳动力。蚝船479艘，3406吨位，8993.14千瓦；另有6个半蚝农村沙一、沙二、沙三、沙四、东塘、固戍等。养蚝面积6万多亩，产量2930吨。为使驰名的"沙井蚝"继续品牌保存，沙井镇政府对蚝业发展及蚝民生产就业十分重视，设立蚝业发展基金，共85万元人民币。其中蚝一村30万元，蚝四村20万元，蚝二村15万元，蚝三村10万元，沙井蚝厂10万元，解决发展养蚝有困难的单位（个人）以及季节性收购鲜蚝之需。

沙井蚝民创造异地养殖的奇迹

　　1979年，国家实行改革开放政策后，沙井及深圳市周边地区逐步出现工业大开发、招商引资办工业的现象，到1985年沙井已有100多家"三来一补""三资"企业。企业不断增多，工业废水也随之增多，水质受到严重污染，影响了蚝的正常生长，蚝业养殖生产受到很大影响，产量下降。1985—1992年，沙井的年鲜蚝产量维持在14000～20000担之间，并有逐年下降的趋势。1993—1996年间，沙井蚝业生产处于产业转移、异地养殖的转型期，鲜蚝年产量更降到11000～17000担之间。1997年至今，沙井蚝业产业转移，异地养殖进入稳定期和成熟期，产量又迅速恢复并飙升，这一时期，鲜蚝年产量上升到62320担（1998年）乃至超过120000担（2000年），创造了沙井养蚝历史的又一个奇迹。

　　南海油田的开发，不仅征用了部分蚝田，而且有一定程度污染，加上虎门沙角电厂的投产，靠近污染流水出海口附近海区的蚝田已经无法养殖鲜蚝，蚝田在逐年减少。1984年起，沙井蚝田每年都出现不同程度的死蚝现象，瘦蚝持续周期延长，蚝的生长速度明显缓慢，且个体偏小，肉质由白变绿。

　　1984年起，沙井蚝民就已经意识到沙井工业发展会造成海水污染，基于以后的沙井蚝业生产需要地域转移的可能性和不可抗逆性，当年开始，就组织了部分有经验的蚝民北上广西，东走汕头，西下湛江，几乎跑遍了广东、广西沿海的每一个海滩角落，然后将视线聚焦在台山市一个名叫中门海的海区地方。蚝民们展开了对该海区条件的调查分析，测量海水咸度，了解江流淡水的浸沏情况，分析海区浮游微生物的生长积聚环境以及海水的污染情况。经过大量分析，海区的生态环境条件基本符合沙井蚝海面养殖区的条件，于是信心大增，他们首先与当地农户合作试养，划定一个理想海区，制出水泥柱件竖插海中，进行沙井蚝的异地养殖试验。半年之后，采苗育苗成功；两年以后，成蚝长成；三年之后，成蚝育肥开壳。经各项技术质量指标的化验分析，其体形、鲜活度、营养物质含量、口感等质量指标，都基本与沙井本土养殖出的沙井蚝一样。沙井蚝异地养殖试验成功！在此基础上，以后的五六年中，沙井蚝民又到中门海附近的台山沿海海域镇海湾海区、下川岛独湾海区等与当地渔民村民进行合作式试养沙井蚝，均获得成功。同时，蚝民们还广开渠道，选择阳江、惠东海区开发了小范围的沙井蚝异地养殖试验基地。从此拉开了异地养殖沙井蚝的序幕，为以后蚝业生产的产业大转移打下了基础。

1991年，沙井蚝业养殖产业大转移正式启动。产业大转移的基地，除了巩固和发展20世纪80年代就已开辟的台山中门海沙井蚝养殖场外，主要集中放在台山市镇海湾出海口沿海海域。当年6月份，由负责人陈沛忠、陈照根亲自带头，与镇海湾当地村民和横山村以松散型合作形式，租用500亩浅滩海域实行试养。试养成功、产量不低、质量保证之后，于1994年，又将500亩蚝田扩大到2000亩，成为当时沙井蚝业产业转移、异地养殖沙井蚝的最大基地。同样，又在台山中门海扩大原来的沙井蚝养殖区基础上，将该海区实行围垦改造成咸蚝寄肥区，扩大蚝田至3000亩，使之成为异地养蚝台山海区的第二个大基地。

1991—1994年，是沙井蚝第一次大规模产业大转移时期，蚝业产业重心已经由沙井海区转移到台山海区，由此也形成旧区（沙井海区）蚝产量下降，新区（台山海区）新放种而未能出产上市鲜蚝的局面（新蚝一般需四至五年时间才能育成上市），以致造成1993—1996年沙井年产鲜蚝量降至1.1万担左右。1997年以后，由于台山产业转移新蚝区陆续开始产蚝上市，沙井年产蚝量又飙升到5万担以上，1998年鲜蚝产量达62320担，以后更是年年增产飙升，1999年鲜蚝产量69300担，2000年鲜蚝产量更飙升至120920担，相当于刚开始产业大转移的1991年蚝产量的4.7倍，创造了新的沙井产蚝的历史最高纪录。

2001年以后，沙井蚝业实行第三次大规模的产业大转移，该年，沙井蚝业选择台山下川岛鹰洲外海区租赁了5500亩浅海区作育肥区进行蚝塘开发，当年开发成功。第二年，又在紧邻鹰洲外海的下川岛沪海湾浅海区租赁500亩开发养蚝育肥区。

蚝厂女工（陈永申提供）

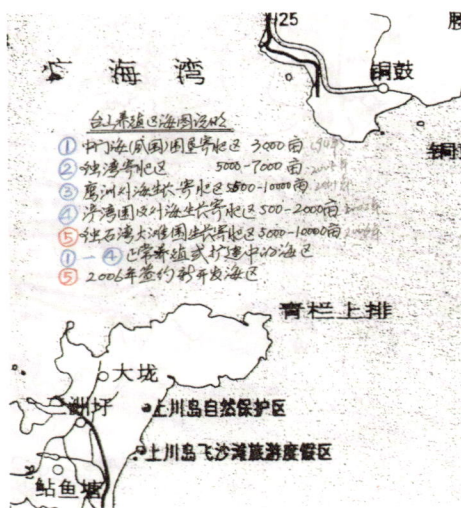

在以上蚝业产业大转移的同时，1991年，蚝业村的部分蚝民作出组团到惠东沿海稔山海区和阳江市阳西海区开发了多个沙井蚝异地养殖基地，总面积约为5000亩。到2002年，沙井蚝养殖的产业转移已基本完成，95%以上的沙井蚝业养殖已转移到以台山为主的台山、惠东、阳江沿海海区养殖生产，实行异地养蚝。沙井沿海海区养殖已经处于小规模、小面积和分散的养殖状态。

虽然沙井蚝的养殖生产已基本全部转移到台山、惠东、阳江等外地海区异地养殖，但产品细加工生产、销售总部还照样设在沙井，蚝品加工厂全部设在沙井。其一般程序为，异地养蚝收成后，在当地进行晒鲜蚝等粗加工，然后将全部干蚝运回沙井，进入加工厂进行细加工，最后由沙井销售到全国各地或出口，而小部分鲜蚝则由异地收成后直接运到海鲜市场或酒楼销售。

沙井蚝业产业转移成功以后，为了推动异地养蚝的进一步发展，2004年，深圳市双海岸实业有限公司成立，沙井蚝民于2005—2006年间，又在台山下川岛独湾海区开辟了7000亩的沙井蚝养殖新区，在下川岛独石湾浅海区开辟了10000亩的沙井蚝养殖新区。这使台山沿海海区形成了总面积达10万亩以上的沙井蚝台山海区养殖基地，其养殖面积相当于沙井蚝田最多时的6万亩的1.6倍多，创造了沙井蚝养殖面积的历史最高纪录，据2005年统计，该年沙井蚝异地养殖鲜蚝总产量超过20万担，相当于1957年总产量的2.75倍，相当于蚝业

新宝沙水产公司到台山养殖场查看蚝的生长情况

沙井蚝一村在惠东县的蚝业养殖场
（程建摄）

产业大转移开始的1991年总产鲜蚝量的7.75倍。沙井蚝产业转移和异地养殖的巨大成功，引起了社会各界的巨大轰动，广东省水产界专家考察后指出，"这是广东水产史上的奇迹"。

沙井蚝台山养殖场（程建摄）

统征蚝田，支援深圳城市建设

　　深圳大部分的填海建成的区域，以前都曾是沙井"三区养蚝"的蚝田。福田深圳会展中心、深圳红树林公园，还有南山区科技园、世界之窗、锦绣中华、欢乐海岸、深圳湾体育馆、蛇口码头、海上世界、月亮湾、宝安中心区、西乡临海城区、深圳机场国际会展中心，包括未来的海洋新城这些地方，都是以前蚝民赖以为生的资本，他们将蚝田贡献出来，为特区的建设，深圳市的城市建设，作出了重大的牺牲。我们应该向深圳的所有蚝民致以崇高的敬礼！

　　改革开放之前，宝安对开海域，包括大铲、小铲岛周围一带都是养蚝区域。1971年7月，宝安县革命委员会把西乡、福永、沙井辖区海域划分给各大队（村委）从事养蚝生产。随着深圳经济特区和周边地区城市的发展，大量的工业废水、生活污水，从河涌近岸直接排放珠江流域，给养蚝业、渔业、海洋生态环境带来严重影响。为了城市发展的需要和支持相关海域法规的出台，1994年起，深圳市政府开始在沙井统征蚝田。根据深宝府会纪〔1995〕57号、深规土业纪〔1995〕76号精神，市、区政府又在西乡—福永统征蚝田。2001年11月，宝安区蚝田安置补偿结束。2004年5月，经广东省人民政府批准，深圳市海洋功能区划颁布实施。宝安海域规划主要为港口航运和锚地，在沙井东宝河口至天字河涌，面积557公顷的海域，规划为虾、蟹养殖区。

　　1987—1990年，南油、世界之窗、宝安机场、蛇口等单位因建设用地，先后征用沙井、福永等蚝村的前海、后海蚝田面积3000多亩。

1994年，深圳市规划国土局根据深圳市总体规划发展需要，统一征用沙井镇所辖九个村：蚝一村、二村、三村、四村、沙一村、沙二村、东塘村（原沙井朝阳大队）、沙三村、沙四村（原沙井东风大队），位于前海、后海、福永黄田、沙井以及小铲岛海域属集体所有的蚝田。面积共33036亩（2202.4公顷）（含埤头埤尾面积），分别为：后海生长区11916亩（794.4公顷），前海生长区10531亩（702.07公顷），福永黄田采苗区8728亩（581.87公顷），沙井育肥区717亩（47.8公顷），小铲蚝区1144亩（76.27公顷），统征补偿（蚝田、蚝苗、安置等）费每亩11000元，另外补养蚝附着器及其他设施补偿每亩500元计；为保障九个村委蚝田被征后的集体经济发展和解决群众就业安置问题，市规划国土局按统征蚝田总面积的4.5%留地给被征用村。

1998—1999年，市规划国土局统征宝安区西乡镇的西乡蚝业村、固戍村、翻身村，福永镇福永蚝业村的所辖有集体蚝田。经市规划国土局两次对宝安区蚝田统征，在深圳市国土范围内的宝安区蚝田全部征用完毕，只剩余位于东莞河西北的交椅湾沙井（蚝塘）。

2000年沙井最后一批蚝民在村中空地晒蚝

（程建摄）

为异地养蚝业保驾护航

2006年，深圳市政府出台《深圳市食品安全"五大工程"政府扶持资金管理暂行办法》，把蚝业养殖纳入无公害水产品市外生产基地建设的扶持项目，包括建造水泥柱或木制蚝排、蚝架、固定设施等。蚝类养殖其吊养设施建设项目每亩给予一次性补助350元。

2015年12月2日，中国近江牡蛎生态养殖与科学育苗技术推广研讨会在沙井举行。会议由深圳市水产行业协会会长、深圳市宝安区沙井蚝民俗文化研究会会长陈沛忠主持。中国水产学会副会长兼秘书长司徒建通、深圳市经信委海洋经济处处长欧阳卫国、深圳市渔业服务与水产技术推广总站站长冯卫权出席本次研讨会。此次研讨会邀请了国内知名专家进行授课。其中，中国海洋大学李琪院长介绍了我国牡蛎新品种培育现状；农业部水产技术推广总站高勇处长分析了我国牡蛎养殖业现状及对策建议；广东海洋大学副校长章超桦博士分析了我

第十二届沙井金蚝节举行中国近江牡蛎生态养殖与科学育苗技术推广研讨会（蚝一社区）

2016年9月，深圳市渔业服务与水产技术推广总站到沙井蚝台山下川岛养蚝基地探访，实地考察沙井蚝的养殖环境（罗少龙提供）

国牡蛎加工利用及对其的展望；司徒建通分析了我国海水养殖面临的挑战与相应的对策，欧阳处长结合深圳的实际情况，提出了深圳水产业应在保护传统水产养殖业的基础上，如何往产业链上延伸的建议。此次研讨会是宝安区第十二届沙井金蚝节活动的重要内容，促进了沙井蚝业的可持续发展，为深圳水产行业的发展指明了方向。

2018年3月19日至27日，深圳市水生动物防疫检疫站实验室开展了一次牡蛎寄生虫检测。周文川等在牡蛎卵母细胞、血液细胞等细胞以及其他器官组织中，发现了孢子虫。根据对养殖户的询问了解到，在每年3—5月份，深圳湾香港侧流浮山、珠海、台山等地区，牡蛎养殖会出现不同程度的死亡，2018年3月底，流浮山海域养殖的牡蛎死亡情况比较严重。这次采集的牡蛎样品来自流浮山，但是养殖流动大概如下：台山附着苗种，养殖大约半年到1龄，转入台山另一海域，或者运往珠海海域，养殖到3龄以上，再到深圳湾香港侧流浮山海域、伶仃洋等海区育肥。此次检测样品来自流浮山海域，但是在哪个环节感染，以及感染程度如何，如何流行，都需要作深入调查。因此，实验室检测人员商议，会同养蚝专业户、国家出入境动物检疫局，以及实验室技术管理骨干于2018年4月23—25日前往珠海、阳江、台山等地，对该地区海域养殖的牡蛎进行实地调查采样，实验室检测，再次发现了该孢子虫。养殖经验丰富的蚝民反映，近年来，广东海域出现过大批量死蚝，出现死亡的时间、水温、盐度范围等因素极为相近。经过大量的镜检验证，查阅了相关孢子虫报道，并按OIE检测标准方法检测，初步排除《国家动物防疫法》疫病名录中的牡蛎包纳米虫病、牡蛎折光马尔太虫病、牡蛎派琴虫病等疫病种类，根据加拿大贝类寄生虫专家的意见，以及广东海洋大学何筱洁教授多年孢子虫镜检经验，认为很可能是孢子虫的一

牡蛎养殖安全生产专题培训班

个新种。目前，预防感染该虫的措施之一，就是采用"接力式"养殖。根据牡蛎不同阶段的生长需要，将牡蛎迁移到不同海区、不同盐度的海域。

2019年9月20日，深圳市渔业服务与水产技术推广总站赴深圳异地养殖区下川岛牡蛎养殖基地开展水产质量安全知识宣传和科技下乡培训，聘请南海水产研究所王江勇教授指导。35人参加培训，发放资料302份。

2002年开始，南山区在内伶仃洋北湾试验养蚝，有蚝田24.42公顷，这是深圳最后的蚝田，采用延伸式吊养。要在内伶仃海域发展养蚝生产，必须解决两个难题：一是深水抗风浪，二是适时育肥。延伸式吊养蚝新生产方式具有诸多优势，首先是该生产方式不受海底形状、底质、水深等环境限制，且具有较大的抗风浪能力，可在较深水区和外海设置，因此可以大大扩展生产空间；其次是在深水区开展延伸式吊养蚝生产，由于海水交换良好，常年不露空，摄食时间长，可以大大缩短养大和育肥时间，生产效率大大提高；最后是该生产方式适用于外海水质无污染的海区，可以生产符合食用卫生标准的绿色产品。现在，深圳市渔业服务与水产技术推广总站计划在内伶仃岛附近海域打造成沙井蚝育种基地。

2016年5月5日，第6届中国（深圳）国际渔业博览会在深圳国际会展中心召开。本届渔博会由深圳市水产行业协会主办，中国水产学会支持，联合国粮农组织中国渔业信息与贸易促进中心（INFOYU）特别协办，广东省水产流通与加工协会、深圳市国际经济合作促进会、浙江省水产流通与加工协会、台湾区冷冻水产工业同业公会、江苏省渔业协会协办，以及马来西亚水产学会、亚太水产行业协会、WORKS I CO., LTD.（韩国）作为海外协办单位。近百家国内外品牌参展，囊括水产品养殖、加工、运输、冷链、捕捞、餐饮等，本次深圳渔博会还迎来了越

深圳市水产行业协会陈沛忠会长致开幕词

南、俄罗斯、挪威、马来西亚、新西兰等10多个国家的产品，金枪鱼、三文鱼、北极贝、龙虾、帝王蟹及多种食材品种也在展会隆重登场。此外，深圳市水产行业协会在本次会议上正式宣布成立深圳市水产行业协会专家委员会，并向专家委员会专家颁发聘书。

2019年，小规模纳税人的起征门槛大幅提高，季度免征额从9万元提升到30万元，减轻了蚝民淡季时的经营负担，也为冬季的采购储蓄了资金。生蚝及生晒蚝豉属于自产初级农产品，可享受自产农产品免征增值税优惠政策；而蚝油、蚝罐头等生蚝加工产品在增值税税率一再下调后，也大大减轻了蚝民的税负。

2019年6月28日，深圳市水产行业协会、深圳市水产品质量促进会、深圳市宝安区水产行业协会、深圳国际农产品物流园、珠海市农产品流通协会党支部和部分会长单位等多家来自深圳、珠海水产相关的协会与企业代表莅临深圳渔网商业管理有限公司及其品牌环球渔网参观交流

沙井蚝商收购异地养殖生蚝，蚝民个人无法提供增值税专用发票。宝安区税务局发现问题后，迅速开展了纳税服务。通过核定新增票种，蚝商在向蚝民个人收购生蚝时可自行开具农产品收购发票，以便进行抵扣。2020年，深圳各项税收优惠政策惠及沙井300多家蚝企，助力沙井蚝产业蓬勃发展，成功实现年产值近4亿元。

寻找镇馆之宝

我们知道，博物馆是对文物和标本进行征集收藏、科学研究和陈列展览的机构，每一家博物馆都有自己的镇馆之宝。所谓"镇馆之宝"，必须具有唯一性、独特性、稀缺性、重要性、不可替代性，必须能够表现其独特的历史和艺术价值，是同类藏品或其他博物馆难以企及的。

2009年，沙井创办全国唯一的蚝业博物馆——沙井蚝文化博物馆。建馆之初，就考虑拿什么实物标本作为博物馆的镇馆之宝。在已经征集的展品里，1958年国务院颁发给沙井蚝业生产合作社的奖状毫无异议可以作为镇馆之宝，它见证了沙井蚝业一段最辉煌的历史。

1956年，宝安县政府根据中央关于在全国组织生产合作社、信用合作社、供销合作社的指示精神，指派水产科邓彦章带领工作组，到沙井蚝村调查摸底做通工作，将沙井三村、沙井四村的三个互助组合并成立了沙井蚝业的第一个初级生产合作社，蚝民称之为"老社"，随后，沙井一村也跟着成立了一个蚝业初级生产合作社，蚝民称之为"二社"。后来，沙井将两个蚝业初级合作社合并，成立了沙井蚝业高级生产合作社。社长陈淦池、副社长陈惠池、陈贺苓，委员有陈灿森、冼吐霞、陈福林、陈灿兴、陈满棠、陈敬欢等。1957年，沙井蚝业合作社有蚝民1073户4135人，蚝田2.2万亩，大小蚝船282艘，年产鲜蚝5.03万担，总收入144.8万元，平均每个劳动力收入616元，比1956年增收165元。那时候，沙井蚝乡到处呈现一派欣欣向荣的景象。有一首歌谣唱道："有女要嫁沙井人，朝鱼晚肉吃三餐，新房楼舍随时建，衫裤鞋帽样样新，连年增产又增收，猪嫲戴上金耳环。"由于沙井蚝业社取得显著成绩，1956年、1957年均被评为"模范合作社"，1957年，沙井蚝业合作社被评为"农业社会主义建设先进单位"，社长陈淦池代表出席了在北京举行的全国农业劳动模范代表大会。大会期间，毛泽东、周恩来、朱德、陈云、邓小平、彭德怀、邓子恢等党和国家领导人接见了包括陈淦池在内的全国劳动模范代表，并合影留念。

然而，作为全国唯一一家蚝文化专题性博物馆，没有蚝标本作为镇馆之宝，确实是一个遗憾。早在1999年沙井开展文物普查时，就听沙井老人讲，在步涌村西口，关帝古庙对面，有一个"活水廻澜社"的神坛，曾经供奉过一个蚝壳王，有三四尺长，凡是外出谋生者，需在此祭拜之后才外出，以后不管漂泊到天涯海角都不会忘记家乡，能回乡认祖归宗。20世纪50年代初，广州要建水产馆被征集走了。后来很多沙井蚝民去广州，都要专门到水产馆去看看，尽管不能在展览馆里烧香，心里祷告一下，也是一种慰藉。能把这个蚝壳王寻找回来，作为蚝文化博物馆的镇馆之宝，一定是一件不错的事情。这个想法得到陈沛忠馆长和其他老行尊的认同。陈沛忠马上带队到广州，向原广东省海洋与渔业局副巡视员叶焕强汇报沙井要到水产馆寻回蚝壳王的想法。叶焕强是老水产人，曾担任广东省水产厅副厅长，始终关心支持沙井蚝业的发展，和沙井水产人有很深的感情，每年都到沙井参加金蚝节。他很赞同沙井寻回蚝壳王的想法，主动提出陪他们一起去水产馆。

水产馆位于广州市文化公园中心广场的东面，始建于1951年6月，当时属临时建筑，是华南土特产展览交流大会的展馆之一，由当时留学德国归国任教的中山大学建筑系教师、建筑家夏昌世先生设计完成，后一直保留至今。水产馆陈列有活鱼样品，更为惹人注目的是，它长期展出各种剥制、浸制的海、淡水动植物的标本、相片、模型、图表，是介绍广东海洋与渔业生产的重要窗口。它是中华人民共和国成立以后所建的第一家水产馆，不仅受到市民和游客的欢迎，还受到广大学生的青睐。广州不少中小学都安排学生到水产馆进行参观活动，有些大专院校还配合生物课程带领学生到此进行直观教学。几乎每一位来到广州、参观广州文化公园的党和国家领导人，都会在水产馆内驻足，留下赞不绝口的声音。其中，就有毛泽东、朱德、陈毅、叶剑英等国家领导人。该馆还接待过胡志明、金日成、尼克松等外国领导人。

毛泽东曾两次到广州文化公园视察，并参观了水产馆。1956年5月3日，毛泽东在新中国成立后第一次乘飞机外出视察，从北京飞往广州。在听取广东汇报后，毛泽东提出要专门了解广东发展渔业和对海洋资源开发利用的情况。21日，他在陶铸等同志的陪同下，视察了广东水产馆。他仔细地观看了南海水产资源分布图和各种海产品及标本。他说："南海水产资源很丰富，大有可为，应很好地开发利用。"1958年4月30日下午，毛泽东视察广州市棠下农业合作社，晚上到广州文化公园参观广东农具改革展览会的耕耘、水利、水产和土壤肥料4个馆。他在水产馆详细观看陈列的渔业标本和各种渔业养殖和捕捞的新技术、新工具。

1958年4月30日，毛泽东同志视察广东水产馆时观看沙井蚝标本

沙井蚝业与水产馆的关系密切。1965年7月，沙井蚝业典型事例以"在前进中的沙井蚝业大队"为题，送北京农业展览馆展出，沙井蚝业大队成为全国养蚝业的一面旗帜。1966年曾以"科学养蚝，稳产高产"为题，参加省水产展览。

沙井蚝文化博物馆陈列的标本

　　当陈沛忠一行来到水产馆的展厅时，他们傻眼了，这里的陈列展览上新了，展线、展品都和以前不一样了。看遍展览的角角落落，根本就没有口耳相传、梦寐以求的蚝壳王。据水产馆的同志介绍，随着时间推移，水产馆虽保留着当年的珍贵展品，但自1983年后便再没增加过新展品，玻璃瓶药水炮制标本等"老土"的陈列方式，也甚少游人问津。市民的反应强烈，水产馆完全不符合广东海洋大省的形象，要求改变。现在的展览是1998年1月重新开放时制作的。以前展览陈列的标本有一些还在水产馆的仓库里。在水产馆同志的带领下，陈沛忠馆长一行来到了水产馆的库房，他们仔细查看每一个货架，最后还是没有找到蚝壳王。就在大家都陷入失望情绪的时候，有一个玻璃标本罐引起陈沛忠的兴趣，罐里是硕大的蚝标本，这只蚝的蚝龄不小，再看标签，采集地点在沙井，那里是沙井蚝育肥塘，才能采集到这样肥美的鲜蚝，采集时间是1953年，应该是水产馆开馆时的最初展品。这是难得的一件标本，完全可以作为沙井蚝文化博物馆的镇馆之宝。经过一番请示，办完交接手续，告别老厅长，陈沛忠馆长一行小心翼翼地护送标本连夜赶回沙井。第二天就放到博物馆陈列室的展柜里，供大家参观。就连沙井的老蚝民都吃惊，这样大的蚝还真没有见过。

　　这只蚝祖祖辈辈生活在沙井，六十年前被人从海里的蚝田采集出来，送到省城广州制作成标本，放在水产馆的展台上供大家参观学习，见到过很多国家领导人和国际友人，六十年后被沙井水产人找到，带回家乡沙井，放在博物馆的展柜里供大家参观学习，这本身就是一个传奇！

　　更神奇的是，在沙井蚝异地养殖成功三十多年后，2013年，在台山沙井蚝养殖基地采集到一只长24厘米、重量约380克的鲜蚝。这只蚝已经活了近10年，长这么大个实属罕见，堪称沙井蚝王。沙井蚝文化博物馆请水产标本制作师傅将它制成标本，和从广州水产馆寻回来的标本，放在一起，供大家参观比较。

新老两种沙井蚝标本在这里相聚，摆放在一起，折射出了沙井蚝养殖的变迁。原来的沙井蚝是真真正正地在沙井养殖，在沙井蚝厂加工；而如今，由于近海环境变化，沙井蚝已在台山等海域异地养殖，但是加工和市场却一直保留在沙井。现在沙井蚝商户已有百余家，原始的养殖手法也已发展为现代化科技化养殖，并且形成了当地特有的蚝文化。

生产篇

SHENGCHAN PIAN

蚝　田

　　沙井蚝民将养蚝的场所称作蚝田。这些蚝田多在近岸海底潮间带，只在退潮时露出水面，因而又称作沉田。据嘉庆《新安县志》记载："蚝出合澜海中及白鹤滩，土人分地种之，曰蚝田。"

　　民国时期，沙井蚝区的划定范围是北起磨碟企人石，西至龙穴洲，南至福永海面，东至沙井草坦。从茅洲河口开始，东南西北中都立有界石，分为10个小蚝塘：沙口、德和、合澜、冠益、深水函、渝肥、东宝环、黑松林、纪合、大益。蚝塘位于珠江口东侧，背靠东莞市虎门、长安两镇的基宁、大岗、沙头、新民等村红树林带，从东宝河口至虎门黑松林附近伸出珠江口，形成一个半月形。

　　民国时期《广东建设月刊》第六期记载：沙井蚝田计自沙角凤凰山脚起，以至上下涌口，面积有200余顷（1公顷为15市亩）。有谓盛产之时，每达80万～90万元。海岸线30余里，沙井蚝塘，计有合澜塘、浩栏塘、纪合塘、露塘、一塘、德和塘、涂合塘、同德塘、愈肥塘、霭西利塘。

　　1951年《宝安县第四区沙井村蚝业调查》记载：沙井的养蚝海区分布在沙井、福永、黄田、固戍、西乡、南头、后海等地。黄田、固戍、福永等取种区的蚝塘临近出海口，原为天然形成，不用人工改造。而养蚝之海区，当地之"有势者"向"旧政府升科"，占为己有，向蚝民收租而加以种种限制。在很早以前，沙井蚝民忍受不住那种重租剥削，曾以高价一次性把蚝塘买断。蚝塘各有业主，该处佃人向业主批租而自行养蚝者，约有1000人，有十数人共批一塘，亦有六七人共批一塘。蚝塘之大小，由

30～100蚝条不等。租价由100元起，价格较高者为500～600元，批期为5年，亦有3年或4年。西乡、南头长蚝区有7个塘：南沙下、向南、吴屋、爱远、恒定、恒安、大王洲。沙井育肥区有9个塘：沙口、德和、冠益、城益、合益、祀益、裕合、愈肥、东坦。每个塘各有塘主。沙井育肥区蚝塘水较深，管理也较完善，每个塘设专职管理人员5人。每个蚝塘要插上许多大小基竹（竹竿）成横直行线，自成方格，横约8壬（成人两手左右伸直之长叫壬），以方便船只来往放蚝和收蚝。在沙井蚝塘育肥蚝，每人要交给塘主港币11元作为租金，每艇按4人计算，共收港币44元。

在空旷的海上，要想在水涨、退潮时能够随时随地认出自己的蚝田和行船航向，必须要找一些陆地目标作为测定方位。这种测定方位的方法，就叫"打山口"。

具体做法是在自己要记的水底礁石或蚝田一幅或一条，以最近或最远或某一点为中心，对准陆地上的某一目标，例如山石、山尖、山坑、楼房、大树等固定物。测定时要横找一个目标，直找一个目标，两个目标之间以90度角为准。

选择目标时，要选双影的目标，而且前后两影要有一定的距离，距离越远越准确。这是因为蚝民在海上，离固定目标很远，若移动一段不远的位置，如果是单影的，它就像在原地一样，不见移动。若是双影的，船移动时，前影虽不感到移动，可是后影却跟着移动。

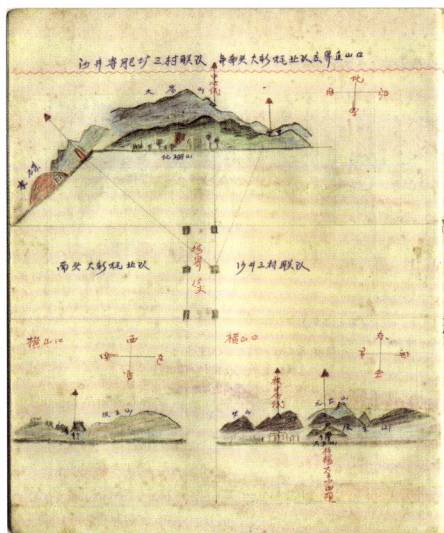

蚝民根据打山口确定蚝田的位置
（陈灿允提供）

蚝业生产工具

运输工具

船是蚝业生产最主要的工具。新中国成立前，蚝船都是使用帆船和舢舨。帆船是设有桅杆和风帆的船，靠风力吹鼓着帆而使船前进的，载重量较少，一般在2～12吨。舢舨，当地人叫扒仔，体形较小，主要靠人力用橹、桨或竹篙等工具推动前进，载重量在1～3吨，多用作驳船。船上都备有凳斗、扁斗等打水工具。帆船和舢舨的生产率低，劳动强度大，经常因自然灾害而发生沉船、死人的事情。帆船一般为大户人家所有。新中国成立后，蚝船归集体所有，除了帆船和舢舨，还出现了机船。机船是用机器推动的船，功率在7.46～59.66千瓦，载重量为4～50吨，行驶速度快，能进行多种作业，减轻了劳动强度，提高了生产效率。20世纪70年代出现了水泥船，用水泥和钢筋制作，与机船的模样和功能一样。

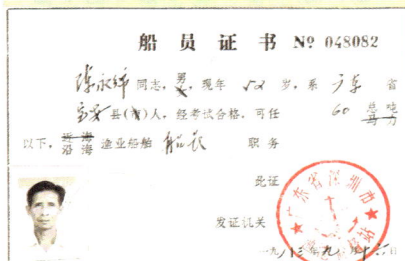

蚝民陈永绵出海船民证和船员证书
（陈永申提供）

劳动工具

做蚝工具不算很多，比较简单，主要有蚝拑、蚝啄、连板、戽斗、蚝斗等。

蚝拑是打捞工具，由两支长约4.5米的竹竿组成，竹竿头都装上铁拑头，在合适的位置用麻绳捆绑固定。其功用主要是在水深和冬天时，人不能下水，拑蚝上船。

蚝啄是开蚝工具。铁制。长25厘米左右，一头长，呈弧形，一头短，两头尖，两头之间安装木把。

连板，又称跳板，是泥滩交通工具。退潮时，蚝民都使用一种木制的滑板去蚝田劳作。这个滑板呈上字形状，横木长170厘米左右，直木高80厘米左右。直木上挂一竹编小筐，一足踏横木，一足踏泥，双手扶住直木，稍推即动，行进在松软的泥滩上，轻松而快疾。常用于捌蚝、撒蚝等工序。自明清时期开始使用，一直沿用至今。

戽斗主要是在休整蚝田、挖深埗界时使用的。

蚝斗是收获开蚝时用来装蚝肉的工具。木制。底部长30厘米，宽15厘米，器高40厘米，斜口，上口安装提把手。

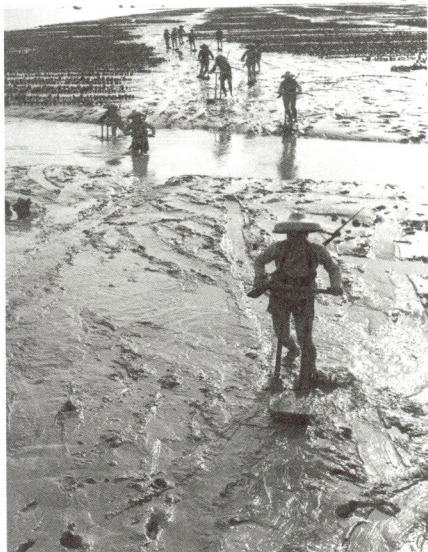

巡逻（何煌友摄）

附着器

在生蚝养殖初期，需要载具将蚝苗从蚝苗养殖池中或者野生蚝苗聚集海域中收集出来，并移送到养殖区域进行养殖。养殖户大多采用蚝壳、扇贝壳或水泥板作为载具收集蚝苗，收集时，通过在蚝壳、扇贝壳或水泥板上穿孔，通过绳子串接成串吊入蚝苗养殖池或野生蚝苗，使之聚集海域中，经过一段时间后取出并观察蚝苗附着情况，然后将没有附上蚝苗的蚝壳、扇贝壳或水泥板取出并继续串接放入水中上苗，附着成功的载具送去下一步进行养殖。

水泥柱附着器

流水定作息

海水作业的人，必须要知道流水变化的情况，才能出海作业。所谓"流水"，是蚝民对海水潮汐涨退的专门术语。蚝养殖于水深5米的浅海中（以平潮水平计），蚝民便在海水中作业——放养蚝苗、保苗护养、收获。故以退潮后为最佳作业时间，作业时间性极强。平时必须专人观察"流水"，一旦潮退，便及时通知全体蚝民，以便立即下海作业。即使隆冬季节、半夜三更、寒风刺骨、海水冰凉，也不能耽误。

沙井流水的变化规律

1. 年中周变

上半年中最大水是农历夏至，以后就逐月减小，直至秋分。秋分以后，流水又逐渐增大，直到冬至。冬至之后，流水又逐渐减少，直至春分。春分之后，流水又逐渐增大，直到夏至。周而复始，所以年中最大水是夏至和冬至，最小水是春分和秋分，因此有"二八月平分水"的说法。

2. 月中周变

上半月中最小水是初八，以后逐日增大，十五最大，以后又逐日减小，二十三最小，以后逐日增大，初一最大，以后又逐日减小，直至初八。因此有"初八二十三，虾公不出岩"的谚语。据此推算，月中最大水是初一、十五；最小水是初八、二十三。但由于地形可能有些影响，本处最大水出现时间会偏后一两天。

3．日夜变化

春分后，日流（白天的流水）开始有水大，以后日流逐渐增大，直到夏至；夏至以后，日流逐渐缩水，直至秋分。秋分以后，夜流开始有水大，以后夜流逐渐增大，直到冬至。冬至之后，夜流（晚上的流水）逐渐缩水，直至春分。此变化和年中大小流水周变一样，也叫"二八月平分水"。

在月中流水变化中，如果是日流逐日增大时，连夜流也同样增大。如果是日流量大的季节，日流量大增大得明显。反之亦然。

4．水位涨落变化

俗称有无水干。原则上与年中周变、月中周变、日夜变化相关。春分以后开始大日流，并且日流有水干，直到立秋。那时日流因受季节影响，涨潮时间拖到很晚，所以有"秋来夜不干"的谚语。秋分以后开始大夜流，夜流有水干，直至立春。本地区因受地势影响，到春分前后都有水干，所以有"春流夜干"之称。

受突然天气变化，如强风、台风、晴雨、多云、静风等自然变化影响，可能会有潮水偏离规律的变化。

风对流水的影响

1．东南风大，一定无水干，同时会引起比平时同样的流水还要增大。因为珠江出海口是向东和稍偏东南，东南风大时，退潮流速减慢，延至下一潮流涨潮，甚至把水从外海吹进来（叫风海流），使水位增高，造成无水干。

2．不猛的西风（偏南或偏北），都会干水。因为不猛的东北风或西北风，只到汕头海面以东，本地区四级风力以下，仍然不会很凛水，也不会很干水。

3．强风来的第一天或前一天，都有比平时同期干水的现象，并引起缩水。因为强风源于西北部，高气压南移，把水压向外海，水位降低，就显得有水干。强风的第二天，如果风力不减，一定无水干，原因是冷空气吹到海洋，受海上暖气流的影响，使其成为东北风，转吹偏入珠江口，就无水干。有时强风一连两天都干水，是由于连续两天都吹西北风，而且天气十分晴朗。如果强风前，风力不猛，风未到，天上多云，形成阴天，这样即使有强风，也不会带来很干水。

4. 台风一定无干水。因为台风都是在海洋上形成的旋转风，把附近的水集起来，吸引到台风中心位置去，同时台风带来大量雨水，因此水位增高，造成无水干。

雨水对流水的影响

如果上游雨水多，虽然流出的河水不会使海洋水位上升多少，但由于河窄、流急，河水退不净，会使水位暂时升高，造成无水干。

集体协作

由于作业时间性强，为抢在潮涨前完成放种或收获工作，必须打破单家独户出海作业的局限。新中国成立前，各户蚝民，多数自行组合，几户人事先协商先后次序，在每个"流水"期间，共同为预定的某一户出海作业。全国开展合作化运动后，沙井成立蚝业合作社，则由集体统一安排。

生产程序

沙井蚝要经过取种、长大、育肥，才能上市。蚝的生产有下列程序。

采苗

采苗是蚝业生产的重要环节，能否及时采得好苗，关系到本案蚝丰收还是歉收。成年蚝在每年初夏有淡水流入蚝场时，受到刺激，便排卵受精，当地人称为泻膏。蚝卵经过一段时间的浮动，就发育成蚝苗幼体。蚝民们把预先准备好的附着器，趁涨潮时用船运到预定的海域，分散抛下去，潮退时再把附着器有规则地插立于泥滩之中，这个季节，海水中漂流的蚝卵，在适宜的环境条件下附在各种附着器上就成为蚝苗。

蚝船出海采苗（珠影《牡蛎采苗》科普片）

新中国成立前，附着器主要是蚝壳、瓦片。新中国成立后，沙井的附着器，除了采用蚝壳外，还打石制作石头附着器，利用废缸瓦，1958年以后发明了水泥瓦和水泥条附着器。

农历四五月份，芒种前后，在南头、后海的蚝场投放采苗，先在浅水区投放各种废缸瓦、蚝壳和水泥附着器，后在

蚝民投放水泥瓦采苗
（珠影《牡蛎采苗》科普片）

深水区投放石头和蚝壳附着器。在深水投放最好是在水面淡净时，才能采到较为理想的、均匀的白肉蚝苗。还要注意咸流，最好选在咸流之前，咸流后，海水盐度剧增，容易附着藤壶（糠公），影响蚝苗的生长。

农历六七月份，立秋前后，在黄田的蚝场投放蚝壳附着器，可适当投一些水泥附着器。投放时间一般在大流水的日子，此时的水流急，蚝苗的分布范围广，而且越是吹西南风，麻浊水（沙井话，表示浑浊水），就会有好苗。

田间管理

蚝生长期的管理，是在采得蚝苗后进行培育蚝苗成长的重要环节。管理的好坏对产量的增减有极大的关系。例如埗尾的石头可以不捌，如果每年都捌，就能提高产量。又如黄田区蚝苗期如果不及时捌，就会被虾蟹吃掉，造成缺苗现象。

南头、后海区的管理主要有捌蚝、屯蚝、扑蚝和捡蚝。在深水区管理较为简单，不需要撒、捌。在浅水区就需要每年夏、秋、冬季捌两三次。捌蚝要及时，还要讲究方法。夏季风浪大，泥油多，捌蚝时必须捌得整齐、紧密。秋冬时，蚝块大量生长，捌蚝要保持棵与棵之间一定的间隔距离，便于蚝的生长。

对于每棵蚝块还要分清轻重，一般将重的一边向内，轻的一边向外。如果处理不好，就会使蚝块生成团状，歪跌或畸形，影响育肥的效果和产量。如果蚝生长缓慢，就需要将蚝搬到环境好的埗尾区域；或蚝块过密，影响生长，也需要将蚝适当搬疏；或为了寄肥，将深水的蚝搬到浅水暂时寄养，这种做法叫屯蚝。蚝生长到收获时，由于石头和缸瓦体大量重，妨碍收割，或同一棵蚝因附苗年度不同，大小不一，都需要扒甩，然后按照生长状况和大小不同采取寄肥或处理，这种做法叫扒蚝。在同一块蚝田里，不能同时收获，就需要捡拾大块的寄肥，小块的继续放养，这种做法叫捡蚝。

　　黄田区的管理主要是蚝苗期的管理，在附苗半个月左右，就要及时进行翻捌，并且挖深埗界，排除积水。这就是捌蚝仔。随着蚝苗的长大，逐步延长时间安排补捌。从投放蚝壳到搬蚝仔的七八个月里，一般要捌三四次。在每年三四月间，降雨期开始，淡水逐渐侵袭蚝苗区，不利蚝苗生长，就要搬到南头、后海一带有咸水的安全地区寄养，这是搬蚝仔。蚝仔搬到安全地区寄养后，应在三至五天内及时撒好，按规则牢固地竖在泥面上，否则蚝仔就会窒息死亡。这就是撒蚝仔。

蚝民在蚝船上作业

蚝民对蚝田进行日常管理

收获

蚝经过两年至四年的生长，就可以收获了。在深水区，蚝长到一定的肥度，就可以在原地进行收获。而在浅水区，蚝不易长肥，就必须将蚝搬迁到黄田埗头和沙井蚝塘，寄养到一定的肥度，然后进行收获。

每年的七八九月，特别是白露前后，是搬蚝的季节。天气进入秋季，夜间至清晨多吹东风，沙井蚝塘的水逐渐由淡变咸，适宜蚝的养肥。这时，将浅水区达到收获年期的大块蚝搬到沙井蚝塘养肥。蚝搬来后，要按列状的次序，均匀投放到海中，以利于撒蚝工作的进行。大块蚝搬到寄肥塘投放后，要及时整理，插成列状，叫撒蚝。目的是将没有次序的蚝整理好，以免窒息死亡。其方法是：浅水能见的部分应撒成列状。深水不能见的蚝，一般也要求撒成列状。但主要是插在高平无坎的地方，蚝棵竖直，蚝口向上。

蚝在寄肥塘里养到够肥度时，即可搬回岸边开采。但时值冬季，气温低，下水不便，就需要用蚝拑把蚝夹到船上来，当地人叫这个工作为拑蚝。把蚝搬到岸上，用蚝啄把蚝壳撬开，再用蚝啄尖刮脱蚝沾板（闭壳肌），取出蚝肉，这就是开蚝。

蚝乡妇女赶海的场面（何煌友摄）

二十四节气和蚝业生产

季节对蚝业生产有着密切关系，只有不失时机地掌握好季节，进行生产，才能收到预期的效果。

二十四节气是中国古代订立的一种用来指导农事的补充历法，是中华民族劳动人民长期经验的积累成果和智慧的结晶。中国农历是一种阴阳合历，即根据太阳也根据月亮的运行制定的，因此加入二十四节气能较好地反映出太阳运行的周期。二十四节气分别为立春、雨水、惊蛰、春分、清明、谷雨、立夏、小满、芒种、夏至、小暑、大暑、立秋、处暑、白露、秋分、寒露、霜降、立冬、小雪、大雪、冬至、小寒、大寒。2016年11月30日，中国"二十四节气"被正式列入联合国教科文组织人类非物质文化遗产代表作名录。在二十四节气中，芒种和白露是蚝业生产的主要季节。芒种主要是投放采苗。芒种之前有小满节气，农谚"小满鱼满塘"，意思是雨季来临，雨水丰富。沿海地区海水受淡水影响而变淡，从咸降到适应蚝苗生长。夏天水温上升，适宜蚝苗繁殖。经过冬节，蚝的长壳期结束，开始大量排卵繁殖。所以芒种开始采苗一直到立秋最适宜。

白露主要是搬蚝。立秋后开始夜间至清晨有东风。东风形成的风海流，把咸水从外海吹进来，蚝塘因此由淡转咸，蚝基本上结束产卵期，转入肉体的发育恢复期。跟着逐渐进入长壳期。从白露开始搬蚝一直到霜降。

蚝塘由于咸淡水初接触，蚝生长所需的浮游生物尤为丰富，所以适宜搬蚝育肥。

沙井蚝生产季节一览表

节气	月份	蚝业操作	节气	月份	蚝业操作
立春	十二月下旬	开蚝、制附着器、捌蚝仔	立秋	六月下旬七月上旬	扑、捌、拣、屯蚝，屯壳
雨水	正月	开蚝、制附着器	处暑	七月	屯壳、撒壳
惊蛰	正月下旬二月上旬	开蚝、制附着器	白露	七月下旬八月上旬	搬蚝、撒蚝
春分	二月	开蚝、制附着器	秋分	八月	搬蚝、撒蚝
清明	二月下旬三月上旬	开蚝、制附着器	寒露	八月下旬九月上旬	搬蚝、撒蚝
谷雨	三月	开蚝、制附着器	霜降	九月	搬蚝、捌蚝仔
立夏	三月下旬四月上旬	开蚝、搬蚝仔	立冬	九月下旬十月上旬	捌蚝
小满	四月	搬蚝仔	小雪	十月	捌蚝、开蚝
芒种	四月下旬五月上旬	搬蚝仔、投放采苗	大雪	十月下旬十一月上旬	捌蚝、开蚝
夏至	五月	投放采苗，扑、捌、拣、屯蚝	冬至	十一月	开蚝为主，捌蚝为次
小暑	五月下旬六月上旬	投放采苗，扑、捌、拣、屯蚝	小寒	十一月下旬十二月上旬	开蚝、制附着器
大暑	六月	扑、捌、拣、屯蚝	大寒	十二月	开蚝、制附着器

养蚝技术发展

蚝采苗预报

准确掌握采苗适时投入附着器，是采好苗的关键。科技站（组）总结蚝民实践经验，在采苗季节（农历五至七月）海区海水温度20℃～30℃，比重下降至4‰～9‰对亲体进行检查（内脏团突然消瘦，生殖腺乳白色变成透明），同时通过拖网镜检海中幼虫，及时预报附着器蚝苗估计数等，采苗预报成功率95%以上，有效地减少了附着器投放过早而被藤壶等生物抢占或被浮泥污染，致使蚝苗无法附着所造成的生产损失。

南海水产研究所的科技人员观察蚝苗的情形
（珠影《牡蛎采苗》科普片）

水泥附着器养蚝

沙井以附着器养蚝命名

南海水产研究所的科技人员查看苗情

有瓦蚝、壳蚝、石蚝、水泥蚝等。水泥制作附着器是养蚝材料应用的大变革，是宝安首创的养蚝技术。这项技术，为全省全国推广应用。水泥附着器主要有两种：一是水泥瓦。规格为长20～24厘米，宽12～16厘米，厚1.5～2.5厘米。每亩放养3000～4000块。二是水泥棒。规格为长50～82厘米，宽、厚4～6厘米。每亩放2000～3000支。

筏式吊养蚝育肥

沙井蚝之所以驰名中外，与其他蚝区养蚝最明显的区别，就是养成蚝后，必须经过育肥后才收获上市。经育肥，提高鲜蚝质量，产量增加50%左右。过去，沙井靠有天然的育肥区交椅湾蚝塘。其特点：海滩平坦，水流畅通，天然肥沃，生物（蚝饵料）丰富。据分析，每升海水生物饵料含量80万～200万个，比其他海区高出4～10倍。但是，此育肥区只能在农历八月中旬至翌年三月前育肥。故养蚝收获有明显旺、淡季之分。

在海上设置浮筏和编制好育肥网笼。将3龄以上（脱离固着器后）的香港牡蛎（crassosttea hongkongensis），壳顶向下，壳缘朝上装入网笼里，垂吊于浮筏下1米左右的中上水层中。每笼约装牡蛎30个，每筏吊挂520笼。

浮筏：用65条苗竹和10米镀锌铁线扎制成长12米、宽7米、面积84平方米的长方形竹筏。用100磅的四股胶丝绳将16个长1.10米、直径0.75米、浮力390公斤的圆筒形泡沫聚乙烯浮筒，或20个长0.95米、直径0.55米，浮力220公斤的塑料桶或铁皮大油桶捆扎固定于浮筏下。用1000厘米×3厘米、直径5厘米左右的胶丝绳或力士绳和125公斤重的大叶铁锚将浮筏固定于海中。

吊笼：用旧力士网片和8号铅水铁线做成直径32厘米、高13厘米左右的双圈网笼，笼底与四周的网目大小以穿不过育肥的牡蛎为原则。用30厘米×3厘米和120厘米×3厘米的力士绳作笼耳和吊绳。

实践证明，筏式育肥法在育肥牡蛎的肥满度与产量等方面均优于地播育肥法，其主因在于该法是使育肥牡蛎始终悬置于流速较快的中上水层之中，流畅的海水，给育肥牡蛎造就了一个舒适有利的生长和摄食环境，给滤食性的牡蛎带来更多的生物饵料。据测，吊育牡蛎之中上水层与底层，在水体浮游生物含量方面差异不大，但中上水层牡蛎的摄食量常常是底层牡蛎摄食的好几倍。筏式育肥的牡蛎，一般经2个月时间左右，鲜蚝肥满度为带壳的10%左右，达到收获商品规格，即可收获。一年可育肥多批次。批次产量平均每笼产鲜蚝肉0.89～1.06公斤，每一竹筏（84平方米）产鲜蚝肉381.7～550.9公斤，产值5850.00～8343.5元，纯利2098.99～3563.24元。筏式育肥一年可多批次育肥，改变了过去只有一次育肥，从此收获不存在旺淡季。该科研成果获1990年市科技进步奖及广东省星火计划奖。

蚝一村在惠东的吊养蚝场
（程建摄）

蚝产品加工

从蚝壳里取出来的蚝肉，叫鲜蚝。鲜蚝可以直接煮食，是很美味的海鲜。也可以经过加工，制作成生豉（生晒蚝豉）、熟豉（熟晒蚝豉）、蚝油和蚝罐头等产品。

沙井蚝产品

蚝豉

清代嘉庆年间编纂的《新安县志》就有沙井蚝"肉最甘美，晒干曰蚝豉"的记载。把鲜蚝用各种方法制成蚝干，俗称蚝豉。蚝豉因加工方式不同而分为生蚝豉和熟蚝豉。加工多在春节前，以冬前蚝豉最优。沙井人于每年农历冬至前后把收成的鲜蚝通过太阳光晒制成的豉干即为生豉，它不需经过高温烘烤，特点是个大，蚝肚结实，色泽金黄。沙井人于农历二月前后收成的鲜蚝多用于制成熟蚝豉，其方法首先将鲜蚝倒进大火锅内煮上10多分钟捞起，放置于电烘炉内，按不同等级要求来掌握烘烤时间，一般需四五个小时，烤晒之后便成为熟蚝豉，简称熟蚝。

生晒蚝豉（生豉）工序：鲜蚝肉—清洗—穿签成排—晾晒—捆扎—包装—生晒蚝豉。

鲜蚝装在筲箕（洗蚝工具）内，在水池里摇动清洗，洗去污泥，除去壳碎，鲜蚝变得洁白晶莹。按次序整齐摆放晾晒，按蚝体大小用蚝豉竹串成一排，每排6～8个。晾晒时，要勤翻蚝，保持蚝肚表面干爽和完整无损。每年冬至前，天高气爽，俗话说"北风加太阳"，最适宜晒制生晒蚝豉，所以叫"冬前蚝"。晒蚝时，如遇下雨或阴雨天气，可用电烘干炉焙制蚝豉。抽湿温度40℃～50℃，焙制时勤拉勤翻。经过10多天的晒制后，生晒蚝豉呈金黄色，变成成品足干蚝豉，按照产品大小分类包装上市。传统生豉为"环豉"，为一长竹条蚝串16～20个，串后做成环圈，12环为一扎。此法已不传。1968年改革为排豉，排豉长约25厘米，穿蚝10～12个，10排为一扎。

熟晒蚝豉（熟豉）工序：鲜蚝肉—清洗—蒸煮—穿签成排—晾晒—捆扎—包装—熟晒蚝豉。

以大铁锅（容量150～175升），煮蚝前先加入清水20～35升，水沸后，倒入鲜蚝100公斤左右，加大火力，并相隔一不定时间搅拌，以防蚝肉粘锅。鲜蚝在蚝锅里蒸煮约10分钟，待蚝肉即将煮熟时，向沸腾的锅内加入1.5～2.5升清水或冷蚝汤，使其不再沸腾，即可起锅，盛入箩筐。置筐过程中，向熟蚝均撒加盐，每100斤熟蚝约3斤盐。加盐后停留10分钟左右运往晒场。鲜蚝250斤煮熟后为100斤。熟蚝加盐后停留渗透出的蚝汁，加工为咸蚝油（咸油）。熟蚝晾晒时，除碎壳，勤翻动。经过10多天的晒制后，蚝豉呈金黄色，变成成品足干蚝豉，按照产

晒蚝场

品大小分类包装上市。若遇阴雨天气，可用温度70℃～80℃烘炉焙干。1982年前，沙井蚝厂以烧炭为主焙烘，后改为管道式煤灶烘房。1983年后，东风蚝油厂、沙井蚝业村采用电烘设备。

蚝豉保存现多用冷藏。以前熟豉以缸盛装保存，俗称"缸金蚝"。待蚝豉淡季和价格好时销售。缸金蚝色泽金黄，油光闪亮，香味浓郁。蚝豉分级规格有两种，一种是干品生豉，一种是熟蚝。干品生豉分有五级：一级5.5厘米以上，二级4.4～5.5厘米，三级3.3～4.3厘米，四级2～3.2厘米，五级2厘米以下。熟豉（熟蚝）分三级：一级7厘米以上，二级5.5～7厘米，三级4.5～5.4厘米。

沙井蚝厂工人分拣蚝豉（吴序运摄）　　　　晒蚝场

蚝油

俗语说"一勺蚝油尝遍天下鲜"。蚝油，因其蚝香浓郁、增鲜提味，营养价值高，早已走进了千家万户。炒菜时放一"甩"蚝油，原本平淡的一道菜，立刻就呈现出不一样的色泽和味道。这样一款鲜味神器，蚝油的生产始于沙井，是蚝民在长期实践中摸索出来的生产技艺。

北宋时期，沙井就已经有"插竹养蚝"的记载。到元代，沙井的养蚝已有一定的规模。到了清乾隆年间，沙井归德盐场关门，很多盐民转身成为蚝民，以养蚝、卖蚝为生，形成有一定规模的养蚝业。清代嘉庆年间编纂的《新安县志》就有沙井蚝"肉最甘美，晒干曰蚝豉"的记载。每年农历冬至前后，沙井蚝就开始上市，大量的鲜蚝运到市场或酒楼出售，经过烹制成为菜肴供人食用。人们将煮过的蚝汤继续熬煮浓缩，就是鲜美的蚝油了。晒干的蚝本来应该叫蚝干，而沙井人却叫它为蚝豉。那是因为人们发现蚝豉与豆豉、蚝油与酱油，有异曲同工之妙。

新中国成立前，沙井育肥区每个塘都设有一个蚝寮（厂），凡在该塘养肥的，开蚝时一定要在它的蚝寮煮蚝。蚝寮供给柴火，获取蚝油。普通一艇蚝可出熟蚝豉25公斤。50公斤蚝豉可出蚝油1.2公斤。1953年，兴建沙井蚝厂，日生产加工能力500担熟蚝。技术方面，20世纪70年代初，沙井蚝厂车间主任陈沛忠和技术人员一道，研究设计出"螺旋式蒸汽煮蚝器"，使熟蚝的加工出产效率比原设备提高了6.6倍。1985年，沙井蚝厂自行建成全国第一条瞬时灭菌自动化蚝油生产线，获1991年市科技进步二等奖。1988年，设计安装成功全国第一条"蚝油新工艺机械化生产线"，加工效益比原设备提高7倍以上，并彻底解决了原设备加工蚝油的质量不稳定问题。产品方面，1987年，沙井蚝油在广东水产加工品展销会上获全行业一等奖。1990年，宝安东风蚝油厂所产蚝油成为亚运会指定产品。1994年，沙井出品的调味蚝油荣获北京国际博览会金奖。1998年，沙井调味蚝油荣获北京国际博览会金奖。

原汁蚝油工序：鲜蚝肉—清洗—蒸煮—过滤—浓缩—冷却—包装—原汁蚝油。

熟晒蚝豉需要用熟蚝晒制，熟蚝在煮制过程中溢出蚝汁，传统大锅煮熟蚝时，每锅都要取出蚝汁液。每百斤熟蚝取5公斤左右。蚝汁液用木桶装载好，要常放冷水洒液面，使蚝汁液自然沉淀。蚝汁下锅时要过滤，翻动蚝汤，不能粘锅底。蚝汁呈褐红色时，蚝汁液变浓。注意控制火力，要慢火煮制（埋膏）。传统原汁蚝油分三个等级，按每百斤熟蚝标准计算，炼成4.5～5公斤的为一级蚝油，5～7.5公斤的为二级蚝油，7.5～9公斤为三级蚝油。

复加工蚝油工序：原汁蚝油—添加调配料—均质乳化—蒸煮—灌装—封盖—喷洗—风干—贴标—检验—包装—成品。

蚝罐头

1959年，南头罐头厂生产沙井蚝罐头，产品全部出口。20世纪80年代开始，沙井油炸蚝罐头停产。2001年，沙井蚝罐头恢复生产，产品远销国内外。

蚝罐头加工工序：鲜蚝肉—清洗—蒸煮—清洗—除壳碎—去残留—油炸—调味—浸沉—装罐—称重过拉—真空封罐—高温杀菌—恒温检质（一个星期）—出厂。

熟蚝煮熟后，逐个清洗，除壳碎，去残留，油炸熟蚝时，要控制熟油温度，不宜过火。炸好后，调味配制，浸沉半小时，装罐，称重，过拉，真空封罐，高温杀菌，恒温检质，包装出厂。

20世纪70年代生产的蚝油和罐头
（珠影《牡蛎采苗》科普片）

沙井蚝产品生产车间

销　售

民国时期，沙井蚝主要通过东莞和广州的咸鱼栏行销省内外。东莞的咸鱼栏集中在现东莞市中山西路与北干流之间，以批发为主，咸鱼、盐、海味大多来自宝安沿海一带，以福祥号为最大。福祥号的蚝豉长期与沙井蚝挂钩。蚝民把各家各户开采的生蚝集中起来，晾干后运来石龙。有时一天达七八千斤。收货后，即需晾开，几天后便转销往广州。为抢时间，无论是买或卖，有时是事后定价和收付款。

广州一德路的咸鱼海味干果以及玩具精品批发，是占了全广州同类销售批发的七成。协兴行在广州专门代理销售沙井蚝，是那种被蚝民叫作"蚝豉栏口"的栏行。当时，广州除了协兴，还有义合、大益专门代理沙井产品。这些"蚝豉栏口"专售沙井蚝，产品寄卖。商行抽五个点的佣金，其中有义德堂的两个点。这些商行非常有规矩，讲诚信，不欺不伪。送货的人来了是包吃包住。当时产品售价，广州和香港差不多。那时的广州似乎比香港的名气还要大。当时，香港和内地没有边界，进出自由。

1956年以前，沙井蚝品的销售主要是自产自销，自主经营，自负盈亏。

1957年开始，国家实行统购统销政策。沙井蚝业生产收成的蚝也实行统购统销，由国家（通过水产供销社）统一收购调拨销售。经香港五丰行出口，为国家创汇。

改革开放之初，国家对水产品实行统一定价、统一收购制度。1979年起，逐步实行派购和议购相结合，开放水产集市贸易的"双轨制"。1982年以后，市政府对蚝品购销制度实行了改革。将统购经销改为出口部分的代销代购，国内市场则自由买卖。出口部分沙井的做法是蚝业大队与沙井蚝厂联合组成联营公司（另还有东风大队的公司），将各蚝业组和

东门水产品门市部（吴序运摄）

蚝民生产出来的蚝品收购起来，交给沙井出口站使用出口指标出口销售到香港等地市场。1984年，除对虾、带鱼外，其余水产品都放开。1985年的"中央5号文件"，更明确了渔业"两个放开"：一是经营体制放开，明确养殖生产可以承包到户，并可请帮工、带学徒经营；捕捞生产可以以船为基本核算单位，船网工具还可以折价归船上渔民所有。二是水产品一律不派购，价格放开，实行市场调节。

1992年以后，蚝产品销售渠道全部向市场放开，企业自主经营，自由销售，充分调动了蚝民的生产积极性，但又给沙井蚝民在寻找市场、开拓市场方面提出了挑战。在这种情况下，沙井蚝民除了利用附近的传统市场外，重点派出足够的营销力量在省内国内开拓市场。开始他们利用"寄售"买卖方式，在广州实行寄售经营，由此逐步建立起区域性销售网络。在此基础上瞄准国内大城市大市场，首先从上海入手，与上海几家大型水产海味公司合作建立起了销售网络，并获得成功，仅1992年沙井蚝油在上海市场的年总销量就达1.5万箱。营销成功后，又逐步打入北京、江苏、浙江、天津、云南、四川等省市市场，使沙井蚝品占领了内地蚝品类市场的半壁江山。在对外贸易方面，利用以前沙井蚝在香港的品牌信誉，先以香港为突破口，与几家信誉好、实力强的香

港海产品贸易公司合作，很快打开了市场，在此基础上再通过香港这几家合作公司，把"沙井蚝豉""沙井蚝油"直接推向东南亚各国（新加坡、泰国、印度尼西亚等）和欧美市场，并很快获得了较大的蚝品市场份额。

沙井鲜蚝产量统计表

单位：担

年度	鲜蚝产量	年度	鲜蚝产量	年度	鲜蚝产量	年度	鲜蚝产量
1949	7000	1966	33129	1977	47233	1992	23640
1950	13027	1967	15072	1981	6650	1993	11680
1951	13800	1968	12672	1982	18415	1994	11240
1953	17848	1969	42866	1984	22847	1995	17760
1957	72660	1970	41117	1985	18032	1996	13060
1960	28862	1971	40541	1986	12930	1997	46600
1961	16974	1972	24556	1987	20010	1998	62320
1962	7598	1973	29436	1988	14780	1999	69300
1963	9083	1974	27289	1989	13000	2000	120920
1964	19430	1975	37675	1990	22706		
1965	22164	1976	41310	1991	25866		

民俗篇

MINSU PIAN

疍家冚

沙井居民外出劳动作业和逛街走亲戚大部分所戴的都是以竹织成的竹笠，也称疍家冚。该帽价廉，一顶只需要一至两元钱。疍家冚帽经得起风吹、日晒、雨淋，旧了也可以加扫光油，又叫明油，在当时的五金店油漆部有售，如果家中帽多的就买些回家自己扫，只有一顶的就最为简单，可以将帽戴在头上直接在油漆部现场扫，按当时的价格，一顶帽的油价格就是一角钱左右。如果不是人为的损坏，正常情况下可用三四年。

从事蚝业的蚝民喜欢挑选帽檐较宽大的疍家冚，回家进行加工、改良。方法一是在帽顶六角的基础上，用优质的靓藤削成薄片，一片一片、一条一条地把原六角帽顶加固、加牢、加靓改变成八角帽。方法二是将帽边垂下部的原竹边割开，重新用大竹片削成大小两条圆边并排加固，也叫大蛇鞭和小蛇鞭，再用优质的藤片经过一卡、一节精心的编织，就是一顶精致、美观的藤丝帽。后来因靓藤比较贵且采购困难，就用编织渔网用的尼龙丝替代。帽改造好，还要配一条带，很多人都会到百货商店购买一些多种颜色的胶丝带，自己编织或请手工好的亲戚、朋友帮忙编织。帽带的编织从使用各种款式、颜色的丝带到多彩的塑胶珠粒混合成编织款式多样的图案，再发展到后期用海水珍珠粒来编织。当时有很多人会这门手艺，改造这种帽的手工最好的要数蚝二村的肖焕球，他编织出来的帽顶、帽檐均匀，挑选的藤片保持原色，花纹图案千变万化，是沙井改帽的能手。

炒米饼

　　深圳本地素有"过年沓饼"的习俗，每到农历新年临近，"沓沓沓，沓沓沓"，家家户户传来的沓饼声音，使沉寂的大街小巷变得热闹起来，于是有民谚云："听到沓饼声，知道过年来。"随着人们生活水平的逐渐提高，这种全村人一起沓饼过年的地方特色民俗场景也少见了，近年来居民不沓饼了，直接去市场购买，年味也逐渐变淡了。

　　深圳原居民中的广府人说的"沓饼"、"沓米饼"，就是珠三角广府人说的"炒米饼"，也就是客家人说的"打拗饼"。沓米饼是从制作的角度来命名的，因为在做的时候，用木槌发出"沓沓沓"的敲打声。打拗饼是从吃的角度来形容的，因为米饼硬，要用力掰成一小块一小块来吃。无论沓米饼还是打拗饼，都是应节气的年饼。清初屈大均《广东新语·食语》有载："以糯粳相杂炒成粉，置方圆印中敲击之……残腊时，家家打饼声与捣衣相似，甚可听。"村村巷巷响起的沓饼声和踏碓声，家家厨镬飘来饼香味，让有"声"有"色"的新年，提前降临百姓家。

　　炒米饼是岭南人过年家家必备的时令小食和最佳手信。和沓米饼制作的主要原材料一样，制作的方法和程序也差不多，是传统农业社会里既简单、欢闹，又经济、实惠的民俗活动。沓米饼，选用刚收成的冬米，经洗净、晾干后，倒在锅里炒至金黄色。再把炒香的米放进碓臼里舂粉碎，然后用"糯斗"筛成米粉，筛剩颗粒较大的米碎再倒进碓臼里舂，然后再筛，反复多次。也有用石磨磨，磨出来的米粉更加细小，做出来的米饼更加幼滑松化。炒米饼传统馅料多是花生、芝麻、黄豆，如今有人改良为板栗、莲子、绿豆等。经过热锅炒香，研成碎粒备用。在盆钵里倒进炒米粉、花生、芝麻、黄豆粉之类的材料，按比例掺入糖浆，搓拌成饼料团，然后在一个个刻有图案的木饼模上制作。

备足半成品后，即进入打饼阶段。打饼功夫既讲究，又很有乐趣。你家打饼，大家去帮；打完你家，又帮我家。大家围在一起，连小孩也掺凑热闹。主妇捏饼料团装进模里，其他成员人手一个小木槌，把模里的饼料捶实之后，再轻敲出来。打饼最后一道工序，就是把一个个米饼坯烘熟。最富传统且最有味道的是用炭火烘焙。

炒米饼形状多数为圆形，寓意圆圆满满，阖家团圆；也有根据饼模图案变化的桃形、鱼形、扇形、月牙形等，传统的福禄寿吉、年年有余、满堂吉庆、心想事成等字配上花纹图案，无不蕴含民间艺术和智慧。

2013年1月13日，中断了数十年的"听到沓饼声，知道过年来"的具有宝安浓郁地方特色的当地习俗——沓饼，重现生机。主办单位在宝安区群众文化广场组织沓饼的现场互动活动，通过文化节让大家感受地方特色、传统本土文化。国家非物质文化遗产保护工作专家委员会副主任委员、民俗专家乌丙安，深圳市本土文化艺术研究会会长、民俗专家廖虹雷，深圳市文物考古鉴定所研究馆员彭全民，深圳市、宝安区各主办单位领导及深圳传统小食手工制作技艺代表性传承人参加了活动。

中国民俗学会荣誉会长、国家非物质文化遗产保护工作专家委员会副主任乌丙安在作"话说过年"主题讲座时表示，此次沓饼节让他十分感动，看到阿婆们穿着传统服装，拿着古朴的沓饼器皿，一块块精美小食从阿婆们的手中做出，仿佛看到了曾经的深圳，说明文化的传承从未被放弃。乌丙安坦言，民族复兴离不开传统文化的传承，类似沓饼节的活动应该广泛开展，充分挖掘，深信传统文化是自身发展的根本，根深才能叶茂，本固方可枝荣。

同姓不婚

沙井传统的婚姻是同姓不婚的。

聘金和聘礼：新中国成立前，沙井男女婚姻也是听从"父母之命，媒妁之言"的。男方父母看中女方，即请媒人到女方说合，要女方的生辰八字，合者即下聘金和聘礼。聘金由女方先开口要，要多少视男方家境，双方商定。男方把聘金一次付齐给女方。聘礼由女方先开口要什么，要多少，如多少担饼、多少套衣裳、多少布匹、多少蚝豉和金猪，多少酒席等。20世纪五六十年代，由于经济条件关系，聘礼质量减低了，规模缩小了。但随着人们的经济富裕，生活水平提高，聘礼的数量和质量及形式都在变化。现在女方是要多少饼卡，女方给亲戚朋友送饼卡，女方如提出要100个饼卡，每个约20元，那就是2000元，一次性付给女方，够分与不够分都由女方自理。如果男方摆酒是在家里或祠堂里，女方一般不到男家饮宴，而要多少酒席，由男家送酒席给女家，或给钱女家自行办理。布匹、衣服等已不算什么聘礼。为了摆派头和好看，70年代至80年代，这些送去送回的物品已变成高档家私、家用电器。90年代中后期已出现男家买了小汽车送给女家，再由女家送回男家了。

择日子：这包括择定迎娶的日子，上头的时辰，男方迎娶上门、女方出嫁离开娘家的时辰，新娘入男家门的时辰，三朝回门的时辰。

定亲：新中国成立前，新郎新娘不可能见面，均按父母之命、媒妁之言行事。后来发展到可以相睇或由媒人代双方交换相片。据说沙井某村有一男青年，自幼父母双亡，只有一个姐姐，姐弟二人相依为命。姐弟都已到婚嫁年龄，姐姐决心在为弟弟成家后才考虑自己的婚嫁事。她暗中查访看中邻村一个姑娘，于是请媒人说合，但姐姐想让弟弟满意、亲口应承才定亲。姐姐一方面叫媒人约姑娘的父母圩日到某处商量有关他们女儿的亲事，又探听到女家养的大猪近日可能出卖，于是托人对姑娘的父母说要买大猪，圩日中午到他们家先看看猪有多大才进行买卖。圩日那天，姑娘父母因与媒人约定，吃饭后匆匆忙忙去趁圩，临出门时对姑娘说一会儿有人来买大猪，叫她带来人看猪。姑娘父母出门不久，姐弟二人就到女家来了，说是来睇大猪的，姑娘就招呼两姐弟并带他们睇大猪，姐弟俩与姑娘说话，问长问短，然后就离开了。弟弟很满意这个姑娘，于是定亲迎娶。新娘入门后发觉大姑和丈夫正是那日睇大猪的人。真是睇大猪娶来了新媳妇！某村有个男青年，从小就瞎了眼睛，父母担忧他一辈子娶不到媳妇，因此就托了个媒人前往一户人家做媒。女方父母很聪明，要男方来相睇，这可急坏了男方父母。媒人倒很有办法，在村里找了一个英俊的男青年去冒名顶替。开头，那青年不愿意，认为这样做缺德，基于盲人的父母苦苦哀求，他违心地前往与女方相睇，女方一见这英俊的男青年，就满口答应了婚事。结婚之日，当新娘进入洞房时，发现新郎是个盲人，当场气昏了。新中国成立后，推行新婚姻法，婚姻自主，恋爱自由。男女双方决定结婚后，由男方父母或长辈亲自到女家去提亲。男女双方婚前恋爱相处的机会多，时间也长。甚至婚前共同坐小汽车给双方亲友派请柬，这就不能同日而语了。

勾阁：新娘在出嫁前一个月左右上阁，吃喝在阁上，学习嫁女歌。新娘出门前要打阁，新娘的姐妹不让男方随便把新娘接走。男方的人用箩顶在头上冲进阁去，拖新娘出阁。一般有两个大妗陪伴，帮助处理有关事宜。新娘上轿后，要向轿上撒米。

上头：迎娶前的晚上，男女双方在择定的时辰在自己房间里的床上做上头仪式。男子上头前要洗柚叶水，换新衣服。备一个筛箕放在床上。筛箕上要放一件白衫、一张小凳、一把梳、一条红头绳、一面圆镜、一盒圆粉、一对拖鞋。上头时新郎要坐在筛箕内的小凳上。房内还应备有两盏油灯（用灯芯点生油的小油灯），用一只红色胶桶装满米，上面用利市封装满一袋红豆、一袋绿豆（新中国成立前用一个木斗装满米，上面有红布包着的一袋红豆、一袋绿豆）。女子上头时筛箕上放的物品和男子的一样，还加上红绿线、针和一把剪刀。双方都由父母或更有福气的长辈主持梳头，要边梳边说："一梳梳到尾，二梳白发齐眉，三梳儿孙满地。"双方在上头时都劏一只鸡和煮糯米饭给新人吃，新人吃不完就由父母吃，吃剩的鸡骨要放够三天才能丢掉。

迎亲：出嫁那天，女方要送嫁妆到男家，嫁妆有盆、装衣被的箱和桌椅板凳等。新中国成立前，在择定的日子和时辰，迎亲队伍午饭后由男家出发，有仪仗、吹鼓、花轿等，并带来送给女家的茶叶、米酒、烟仔（香烟）、猪肉、猪肚（给岳母补肚之意）等礼物。迎亲队伍在路上凡是进村、离村和过桥都要放鞭炮。在20世纪50—60年代，迎亲队伍和形式都比较简单，新郎找几辆单车和几位兄弟到女家把新娘搭车尾载回来。如女家很远，就约定在半路上送接交班。男方要顺利和早些接到新娘，当然就要多派利市和多送些香烟及多些爆竹了。70年代的迎亲队伍，阵容已壮大，接载工具由单车变成手扶拖拉机。80年代更有用大拖拉机拖着货卡甚至租用大货车连人带嫁妆一齐在车上，三四辆或五六辆拖拉机和货车一路燃放鞭炮，甚为热闹。90年代迎亲队伍高档豪华，只见贴满彩花的小汽车、面包车、的士头、人货车，十辆八辆，十几二十辆的，浩浩荡荡鱼贯前进。可能是路上车多人多，又或是人们的安全和环保意识增强，沿途燃放鞭炮的现象却减少了。

男方的迎亲队伍在择定的时间（大多是中午）到达女家。女方家人和亲戚也吃过早饭，喝过粉丝鸡蛋糖水，只留姊妹团陪伴新娘在房中，把包园（沙井话对自家花园的表述）门、厅门和房门全部锁上。兄弟团和新郎先到包园门叫开门，姐妹团要利市，讲不成数，兄弟们把包园门抬起拆下来，进入包园。此时厅门紧闭，守门姐妹要利市数额颇大，又讲数不成，兄弟们就撬锁，厅门撬烂打开，进入大厅，最后一道是房门。姐妹团要利市的数额更大，相持一段时间之后。女家颇能话事之人做一番姐妹们的思想工作，利市给了，房门开了，新娘也见到了，但要迎接新娘出门，新郎还得把姐妹预先藏好的新娘鞋找出来，并替新娘穿上。此时女方的姐妹要用两个箱子，一个把筛箕上的物品全装入内，另一个是装几套新娘穿的新旧衣服，以新的为主，一齐送上汽车。新娘在大妗姐指点下，伴娘打开红伞，伴郎同时打开黑伞，遮着新郎和新娘踏出大门。在新娘踏出娘家大门后燃放鞭炮。新娘的母亲此时一手拿着红豆、绿豆和白米混在一起的大碟，跟在新娘后边，一手不断把碟中的豆米撒在新郎新娘头上和身上，一直撒到新郎新娘上车时，撒完目送迎亲队伍离去。迎亲队伍接新娘后不立即回男家，这有两个原因：一是离新娘入男家门的时辰还差很多；二是车队到一个远近适中的旅游景点玩耍、照相等，车队兜一大圈取"行大运"之意。到择定入门之时，迎亲车队回到男家。男家燃放鞭炮以后，新娘在大妗姐的指引下进门，男家大门口烧着一个火盆，新娘要从火盆上跨过，进入男家。

拜神：沙井人的神龛一般安放在正厅和侧厅，牌位正中是大慈大悲的观世音菩萨，左边是历代考祖，右边是历代妣祖，总称家神。新郎新娘入门后拜家神，如有祠堂或在村祠堂摆酒的还要去拜祠堂。

递茶：以往新娘在婚后第二天早上向男家长辈敬茶。后来拜完神就开始递茶，一般在正厅神龛前固定放两张椅，椅前铺着新娘从娘家带来的红毯，新婚夫妇跪在红毯上，轮流给坐在椅子上的长辈敬茶。新郎新娘敬茶后，敬红枣和糖瓜条串（用一根牙签穿一颗红枣和一根瓜条，串在一起）。接受者饮茶和尝枣条串后，封利市和送礼，利市一定要给，而且是两封，礼则不一定送。而送礼即使是送金手镯、金戒指，还是要给利市，数额多少没有规定。但饮茶的亲戚辈分一定要比新郎高，也就是到新郎的哥哥、姐姐为止。饮茶结束后，新娘可进入房间休息，并把利市、礼品等拿回房间，立即点燃新房的油灯，而且油灯一直要点到三朝回门回来后才能熄灭。

宴客：以往宴请男女家的宾客多数是吃盆菜的。如今都在大酒楼摆酒。预先给宾客派发请柬，一般都是五时半恭候，六时入席。新郎新娘的亲人提前到酒楼做准备迎宾。新郎新娘及父母提前到酒楼大门口迎接客人，门口设签名簿，给客人敬烟，收利市。

三朝回门：隔一天之后，新郎新娘一起回新娘家，这叫三朝回门。男家要送猪肚、猪肉给女家并准备好利市，由新娘派给女家未结婚的人。女家煮粉丝糖水给回门的女儿和女婿吃，其他至亲也多有煮粉丝糖水送两小碗过来的，收下后回利市即可。回门日在女家吃午饭，全家人吃饭，或请亲人一齐吃饭都可以，但新郎新娘一定要在太阳下山前回到男家吃晚饭。旧称"早回家，养大猪"。

海神崇拜是对大海的敬畏

沙井地处珠江三角洲的南端，自古以来巫觋之风盛行，民间信仰的种类繁多，成分复杂。和其他海滨地区一样，沙井一带的居民最为供奉的神明还是与海洋密切相关的天后和洪圣王。

沙井蚝民只要经过赤湾，都要面向天后宫的方向拜神，供奉红枣、糖冬瓜条和糖果等。每条帆船的舱里设有一个神位，每天晚上6时左右上一炷香。

天后又称林夫人、灵惠夫人、天妃、妈娘、圣妃、妈祖等，是沿海崇祀的海神之一。据说，天后是开都巡检林愿的第六个女儿，名叫林默，福建莆田湄洲人。宋太宗雍熙四年（987）九月初九，林默羽化升天，渔民百姓在山上立祠纪念，称她为"通贤灵女"，里人祷求必应，航海者崇拜显圣，几无虚日。宋仁宗天圣年间，神光屡现。此后，护航神话，时有传闻。宋徽宗宣和五年（1123），赐"顺济"庙额。《元史·祭祀志五》："惟南海女神灵惠夫人，至元中，以护海运有奇应，加封天妃神号。"康熙二十三年（1684），封"护国庇民妙灵昭应仁慈天后"。乾隆二十二年（1757），加封为"护国庇民妙灵昭应弘仁普济福佑群生诚感咸孚天后"。民间以三月二十三日为天后诞，渔民视为一年中的大节，迎神出游，请亲戚朋友来吃饭等。平时出海也要到这里来烧香磕头。天后庙在洪圣古庙南边不远处，规模差不多大，也是坐东朝西，面向合澜海，始建于清代中期，1963年被拆，后建沙井戏院，2004年戏院作为危房被拆。2011年底，洪圣古庙重修，焕然一新，众人不忍天后古庙旧址仍然荒芜，有重修之议，各小区和村民纷纷响应，自发筹资捐赠，使工程顺利进行。2012年奠基开工，2013年落成。新建的天后古庙坐东向西，保持传统岭南建筑风格，三间三进，前为门厅，中为观音殿，后为天后殿。古貌得以重现，殿堂焕发异彩，为古镇沙井再增其辉。从2013年沙井天后古庙重修开庙以来，每年都会举行传统的祭拜妈祖活动。从2017年开始，已不再是仅仅的传统祭拜，改为妈祖祭典文化节。这场活动成了两岸

沙井"老宝安·非遗秀"
暨天后古庙妈祖非遗文化节

传承千年文化、沟通情感的纽带，凝聚了乡情乡愿，增进了年轻一代对海洋文化、蚝文化的理解，赋予传统文化在新时代背景下新的历史意义。

相传洪圣就是传说中的祝融、火帝、司夏、司南岳、司南海，海疆渔民首将其奉为神明，已信仰数千年之久，后渐播于内陆，帝皇亦礼敬之。隋文帝开皇十四年（594），诏"南海于南海镇南，并近海立祠"。这是为南海神庙之始。该庙就是今天广州黄埔的波罗庙。唐代南海庙地位提高，唐天宝十年（751），以"屡效休征之应"，南海神被册封为"广利王"。唐宪宗元和年间（806—820）韩愈所撰《南海神广利王庙碑》："海于天地间，为物最巨，自三代圣王，莫不祀事。考于传记，而南海神次最贵，在北东西三神、河伯之

上，号为祝融。"唐代对外开放，外贸兴旺，来往广州的海舶皆经过和停泊于神庙所在地，故封其神号为"广利"，以隆其地位。南汉甚至尊南海神为昭明帝。宋初，复其唐时封号。仁宗康定年间又加封洪圣广利王，皇祐年间再加封为洪圣广利昭顺王，南宋高宗绍兴七年（1137）更加封为广利洪圣昭顺威显王。宋朝廷和广东官员把南海神的"威灵"尽情扩大，说成是："庇护南服，民无震惊；风雨时叙，百谷用成；夷舶往来，百货丰盈；顺流而济，波伏不兴。"南宋时已确定二月十三日为南海神诞。另一种说法是：洪圣，据说本名洪熙，唐代的广利刺史，以廉贞闻；倡读天文、地理、数学各科，建观像台，以察天候，渔民商旅赖之。后以辛劳早逝，士人惜之，上表皇帝述其功业，洪熙于是被追封为广利洪圣大王，嗣后沿海士庶建庙祀之。洪圣死后英灵不减，屡拯民于灾难之中。供奉南海神的庙原在茅洲墟，叫把港大王庙。大约在清代康熙年间（1662—1722），沙井下涌建了一座洪圣庙，民间以二月十三日为南海神诞，每年都要举行庙会。道光年间（1821—1850）重建。

观音，又称观音菩萨、观世音，被视为大慈大悲、救苦救难的化身，其诞辰为二月十九。在民间又衍化为千手观音、送子观音、白衣观音等，均各有诞期。在沙井大村和新桥村还建有观音天后庙，将观音和天后共祀一室，既满足村里蚝民渔民的信仰需求，又照顾了农民烧香祈福的心理要求。沙井的观音天后庙位于沙四村观音里，面阔一间，进深一间，建筑结构、样式与一般民居相类似。庙内有一块清道光九年（1829）"重修观音天后庙碑"，进士蔡学元撰写，碑为青灰麻石，高114厘米，宽62厘米，碑额书"重修观音天后古庙碑记"，碑文记录了观音天后庙之形胜、兴衰沿革及升平围的历史，是沙井立村的重要实物资料，对沙井镇的形成具有十分重要的研究价值。

日日上香祈求全家平安

　　唐朝时就出现上香拜神活动，每家都设有神龛，供奉观世音菩萨和家神，每天都由家中的长者主持仪式。上香前，主持人洗漱干净、端正仪表之后，虔诚地点上一炷香，端端正正插在香炉里，行三拜之礼。接着全家老小依次上香礼拜。每逢农历初一、十五，仪式更庄重，礼拜更虔诚，所用之香也比较讲究，主要用檀木磨成细粉做成的檀香。供桌上摆放时鲜水果如荔枝、芒果和龙眼等，还有荤菜、米饭。拜祭后，全家大小一起用斋吃素。过去，很多家庭每天都上香三次，时间是在早、中、晚饭前。也有每天上香一次的，还有只在初一和十五才上香的。由于新中国成立后提倡破除迷信，特别是经过"文化大革命"，年轻一代对上香拜神这些烦琐的事情懒得动手，他们更热衷于到附近的凤凰山、东莞大岭山和梧桐山的寺庙里去燃香求神。

打醮祭典祈求合境平安

　　中华人民共和国成立前，沙井有所谓的打醮祭典。打醮也称建醮，所谓"醮"，古时候的原始意义是"祭神"，道教盛行后，称"僧道设坛祭神"为醮。自南北朝开始，历代朝廷大多有建醮的祭仪，尤其盛行于元明两代。对一般的沙井人来说，打醮是一个通过道士、和尚的媒介而与鬼神交流的大规模的祭祀活动。太平清醮的最大作用是祈求合境平安、许愿酬神。

　　打醮祭典一般是定期举行，三年举行一次，有"三年一届醮，十年一届景"的说法。打醮安排在农历十月份举行。打醮从筹备到完毕往往需要约一年时间。在进行打醮的前一年冬天，择日在庙祠前杯卜，卜选当年缘首，并择定建醮日期。缘首作为侍奉神明的代表，一般九人，负责进行筹备各项事宜，诸如成立喃呒佬团、搭建醮坛、竖灯篙、请神鉴醮及仪式的进行等。喃呒佬请道士、男巫担任，是神明的代表。

　　在打醮正日前，先上头表、二表，乡民通过缘首及喃呒佬之手，向天、地、水、阳三界四府的神祇发出邀请。打醮祭典要举行七日，分为开醮、正醮和完醮三个环节。

　　前三日为开醮，在村中户外空地搭建的醮坛和粤剧戏棚，准备仪式中所用的纸扎用品。还要举行上第三表的仪式，将写上乡民名字的表文，用鸡冠血去秽后，便连同纸扎的功曹马（或称使马）化去，邀请各方神祇莅临参加醮会。接着是扬幡，在醮棚四周，竖立竹竿，竹竿上挂有幽灯，下设有幡亭，据说可给游魂指路和休息。然后举行迎神登坛的仪式，将村内各个神祇请迎到醮棚内供奉。启坛建醮，请道教教主张天师和道教至高的三清（上清、玉清和太清）到临坛场，分别引见缘首及众喃呒佬，并且分配掌符、掌印等职务的仪式。开坛启请之后，醮事便正式开始。

接着三日为正醮，先启人缘榜，把登记着有份参加打醮者名字的人名榜，贴示出来。然后祭神，并为巡游的麒麟、狮子点睛。正醮最后一日下午游景，巡游队伍有舞龙、舞狮、舞麒麟，还有由小孩扮演古代人物巡游的飘色。

最后一日为完醮，下午进行游景，并将请来醮棚的神祇送回原来的地方，打醮就结束了。醮祭圆满结束，信徒明修善果，皆相信境内必然风调雨顺，平和康泰。

为了娱神娱人，让神人共乐，打醮期间，从广州请来粤剧戏班，演出神功戏，通常配合神功活动的日程，为期三至六天。戏班惯于演戏的第一天晚上和正日（第三天）的下午先演例戏，然后才演正本戏。例戏即一系列必须演出的剧目，属于神功戏的经常性仪式和剧目，如《贺寿》《六国大封相》《加官》及《仙姬大送子》等。《贺寿》是利用八仙中的人物代表戏班及地方村民向菩萨祝贺生辰。《加官》有象征天官赐福的意思。而"产子"及"送子"在农村中有吉利的象征，因此《仙姬大送子》是神功戏中不可或缺的剧目。

打醮期间，信仰区内"封山禁海"，全面斋戒，在诵经法会普度亡魂之后，始能开戒。

中华人民共和国成立后，打醮和其他的传统宗教活动一样，被标签为封建迷信，而遭禁止。沙井从事喃呒活动的陈九去香港新界元朗一带发展。小规模的宗教活动在农村中一直秘密地进行。但是，大规模地区性的宗教活动，则要到20世纪80年代改革开放以后才再次出现。现在香港元朗、宝安沙井的喃呒活动都是陈九的两个儿子开展。

步涌蚝壳屋：深圳海洋文化的地标

　　江氏大宗祠蚝壳屋位于宝安沙井街道步涌社区，始建于明代洪武年间（1368—1398），祠堂两侧山墙为蚝壳砌造，裸露的蚝壳如鱼鳞般镶嵌在青砖立柱之间，发出耀眼的银光。宝安至今已有千年养蚝历史，是世界上最早人工养蚝的地区。千百年来，沙井蚝民利用蚝壳垒墙作房，已成习俗。蚝壳屋冬暖夏凉，而且不积雨水，不怕虫蛀。江氏大宗祠是目前深圳历史最悠久、保存最完好的蚝壳屋，对于研究珠三角地区蚝民渔民的栖息史和建筑艺术史，具有重要的历史价值和艺术价值。2013年11月12日，由深圳市海洋局、盐田区委宣传部（文体局）与深圳晚报社共同主办的"深圳十大海洋文化历史地标评选"活动揭晓，沙井江氏大宗祠蚝壳屋成为深圳十大海洋文化历史地标之一。

　　步涌村位于深圳市宝安区沙井街道北部，距街道办事处约2.3千米，相邻自然村，西有共和村，南有沙四村和衙边村，东有后亭村，北有大田村。

　　步涌地处合澜海的海边，是古代茅洲河和碧头河的入海通道，在明清时候就叫大步涌。"涌"是河涌的意思，读音易错，清初屈大均在《广东新语》中谈到广州的土语时就说："谓港曰涌，涌，冲也，音冲。"步，与埠相通，是码头的意思。唐代韩愈在《柳州罗池庙碑》中写道："宅有新屋，步有新船。"柳宗元《铁炉步志》也说："江之浒，凡舟可縻而上下者曰步。"宋代吴处厚在《青箱杂记》中讲得更加明白，他说："岭南谓村市为墟，水津为步。"

宋元时代，步涌村属归德盐场。明代初年归德盐场曾在此设大步涌社，属十三社之一，居民以盐业为生，清康熙年间后期盐田荒废转以种田为主，养蚝打鱼为辅。据族谱记载，步涌江氏三世祖江纳流（1373—1447），字遇贞，号百川，原籍江西临江府新淦县。明建文二年（1400）职授盐使司来任。致仕后，购置土地700亩（46.67公顷）有余，建起数十间房屋，开基立村。步涌江氏以汉代江次翁为始祖，是济阳江氏的一支。

步涌是典型的清代古村落。从总体上来看，步涌村坐西北，朝向东南，江氏大宗祠是整个村落的中心，大门正对着圆珠岗，这是步涌江氏的祖茔，远对凤凰山，而圆珠岗和参里山可以看成是步涌村落的朝案山。步涌村的背后是汹涌的合澜海，海中的龙穴山和虎头山历来被认为是这一带的来龙。西北而来的合澜海的潮流和东南而来的茅洲河河水在村落的东北方向汇合。村落的前面是狭长的风水塘，全村的雨水都汇聚到这里来。

江氏大宗祠是步涌江姓的总祠，平面为竖向长方形，坐西北朝东南。通面阔10.40米，通进深40.905米。外墙麻石基础，青砖柱蚝壳墙，内墙则是红砂石基础，青砖沟缝，内墙上方都绘有山水、动物、人物壁画，异彩纷呈，为祠堂增添文化内涵。天井也是用红砂石铺垫，室内方砖铺垫，屋面碌筒瓦，灰塑瓦脊，硬山和镬耳山墙。主体建筑由头门、仪门、中堂和上堂（祖堂）等建筑组成，建筑之间以天井和廊庑相隔，形成院落，为典型的明清岭南建筑风格。

第一进是头门，原来的下堂在"文化大革命"时期被撤除，改建成二层混凝土楼房，作为当时步涌大队的办公楼。现已按原来的式样和布局进行复建，门上石匾额和其他石质构件大都是原物。

头门面宽三间，明间为门道，门外两边次间前檐廊置塾式台基，这就是所谓的钓鱼台、鼓台，台基由麻石砌成。屋顶由两侧的山墙和中间的分心墙承重。山墙的内墙和分心墙的正面用水磨青砖贴面，铺砌红砂条石墙裙，即当地人所说的"青砖石脚"。这种水磨青砖有着墨玉般的青色，质地细密光润，俗称为绿豆青水磨石砖墙。墙上每块砖极薄，又极光滑平直，砖缝细如麻线，几乎看不到使用过灰浆的痕迹。

中国人讲究面子。作为祠堂的门面，头门装饰当然十分讲究。迎面的檐下有一道精细雕刻、金光闪闪的封檐板，广派木雕称之为花衽。满面刻着花卉、人物图案，正中的是福禄寿三星，左右的分别是八仙，一边四位，花卉有中国传统的梅兰竹菊以及石榴等。屋脊是用砖砌成，用灰塑进行精心装饰，正中堆塑出一幅有山有水有桥有农舍的山居图，两旁有瑞兽护卫，屋脊的两头做成博古形，上面有暗八仙的纹样。整个屋脊像一只翘首翘尾的小船，两边高出的山尖，博古外缘曲线，高高脊鱼，呈现出一条丰富而生动的天际线。

前檐石柱与分心墙插拱承托三架梁，每梁都精雕细刻有人物，形象逼真，栩栩如生，每梁都一斗二升承托檩，梁与檩都有木雕饰。前檐石柱与山墙上方横架虾公石梁，梁中各横卧一石狮。祠堂大门为厚重的实木门，门框由麻石镶嵌，两边有方形门石墩，门头石匾为原物，阳刻"江氏大宗祠"五个大字楷书，端正敦厚，大门对联为"济阳立郡，岭表名宗"。

进入大门，门内左右各有一间房间。古时候叫塾，《尔雅·释宫》云："门侧之堂谓之塾。"疏曰："门侧之堂，夹门东西者，名塾。"

第二进为屏风牌楼，隔着一个狭小的天井，迎面是一座门楼，六个隔扇，上面是"忠孝流芳"的匾额。这个门楼的构想十分巧妙，开着六扇门，就是一座牌楼，关上门，又是一座影壁。其实完全可以将它视为仪门。中间的门不常开，据说只有迎接高官和圣旨，才会打开。平常出入经由两旁的廊，德高望重的长辈、长房长孙和有功名的人走右边，其他的族人只能走左边。这样做的目的是提醒人们要"进礼门，行义路"，做人必须遵循礼义。

过了仪门前堂是四方形的天井，天井全部用红砂岩的条石铺垫。天井两侧是走廊，拾级而上是中堂。中堂面阔三间进深三间，前是两圆红砂岩石檐柱，堂内四金柱，三柱相连组成两个金字架，插拱承托七架梁。其中梁枋、柱础、斗拱、雀替、屋面上皆有精致的雕刻，其中龙云托脚最具特色。最难得的是前面两根金柱之间有一条横梁连接，横梁下方雕饰有梅枝和喜鹊，寓意喜上眉梢。按理说，祠堂是民间建筑，除非家族中出了显赫的人物或者有人得到比较大的功名，经过朝廷特许，可以建造打破了等级制度的官式模样建筑。建筑结构上的斗拱、柁墩和替手，以及龙、凤、麒麟、瑞兽等，是有极高身份的人才可拥有的东西。它在这里出现，同样违反清代工程则例。这种情况同清代嘉庆以后出现"礼崩乐坏"现象有关。

中堂的规模、深度和高度的尺度都比下堂略大，台基较高，形成层层深入、步步升高的空间层次。中堂面阔三间，通面阔10.40米，进深三间，通进深9.22米。中堂后金柱之间是一面隔扇墙，上方正中高悬"惇叙堂"匾。中堂是宗族和族人活动的场所，宗族里的大事议决、颁胙（冬至祭祖的猪肉，多按男丁均分，俗称分猪肉）、宴席都在这里进行。

中堂的后面是一个小天井，两边是厢房，穿过天井就是上堂，这是江氏族人供奉祖先牌位的地方。其建筑形式和风格如下堂、中堂，明间横梁上刻乾、坤八卦符号，内设中、左、右神龛各一。按照宗祠"寝室之制"的规定，中间的神龛是正寝，供奉的是始祖神主，左右的神龛根据昭穆齿德等资格条件安排先祖的神主。具体安排是：正中供奉的神主是始祖以及始祖以下五世考妣，永远不迁，还有凡是荣膺封增、文武仕宦、甲第科贡、仁贤盛德、忠孝节义、各门门祖的神主，可以祔享左右，永远不祧；左右的神龛是所谓的昭穆室，设酬功位，凡是输金急公、修建祠墓、裹粮效力、捐辑谱乘等神主，供奉祔祭，永远不祧；各祖考妣、捐职考职未邀封典、例捐贡监文武庠生的神主，可以安放在昭穆室里，不过，五世后就要迁出。

这就是所谓"百世不迁、五世则迁"的宗法原则。《礼记》大传第十六说："别子为祖，继别为宗，继祢者为小宗。有百世不迁之宗，有五世则迁之宗。百世不迁者，别子之后也。宗具继别子之后出者，百世不迁者也。宗其继高祖之后者，五世则迁者也。尊祖故敬宗，敬宗，尊祖之义也。"

始祖以及始祖以下五世考妣，他们是这个家族的创设者，没有他们就没有今天的血脉，他们的地位是崇高的，值得后世永远怀念，永远不从祠堂里迁出。那些有各种官衔和荣誉的先祖，为国立功，为家争光，当然值得族人永远敬仰，还有道德品质高尚的先祖以及各门支派的门祖，都是族人的楷模，永远享用后代的香火。那些为宗族事业的壮大和承续捐钱出力的先祖，是后人的榜样，他们的行为值得提倡和效仿，受到永远的纪念。而各祖考妣与其他捐钱取得功名的先祖，可以安排在昭穆室里，供其子孙报本追远，以申孝思，不过五世后他们的神主就一定要迁出祠堂，为后面的神主让出位置。

整个祠堂的内墙上，靠近屋顶的地方，画满各式各样的壁画，体裁有山水、花鸟、人物。这些画，画得比较随意，许多都不太着重身体比例的关系，但是线条很熟练，尤其是神态相当生动传神，他们的眼神经常是最为令人沉醉的地方。除了绘画，还有诗文。中堂右手的墙上有"春游芳草地，夏赏绿荷池""秋饮黄花酒，冬吟白雪诗"的文字。它们分别写在不相邻的两个画格里，将它们连起来，就是一首五言绝句，出自影响广泛的启蒙读物《神童诗》。旧传为宋代汪洙编撰。汪洙，字德温，鄞县（宁波）人，北宋哲宗元符三年（1100）登进士第，官至观文殿大学士。据说汪洙九岁善诗，号称神童。上官闻而召见，当时穿短衣进门。问曰："神童衫子何短耶？"应声曰："神童衫子短，袖大惹春风。未去朝天子，先来谒相公。"后人以他的部分诗为基础，再加入其他人的一些作品编辑而成《神童诗》。其中这首诗流传颇广，诗句描绘人们四时赏景，陶醉于大自然中，充满闲适之趣，表达读书人的喜悦心情。

中堂右手的墙上有"酒能养性，仙者饮之；酒能乱性，佛者戒之""有酒是仙，无酒是佛"，它们分别写在不相邻的两个画格里，这句话出自明陈继儒的《小窗幽记》，原文是："酒能乱性，佛家戒之。酒能养气，仙家饮之。余于无酒时学佛，有酒时学仙。"大致意思是没酒喝的时候就像佛家一样六根清净，修身养性，有酒喝的时候过一把仙人般潇洒的生活。据说明代抗倭名将戚继光也说过这样的话，他说："酒能乱性，佛家戒之，酒能和气，仙家饮之；吾于无酒时学佛，有酒时学仙。"后世喜欢引用这两句的人很多，清代的郑板桥说："酒能乱性，佛家戒之。酒能养性，仙家饮之。我则有酒学仙，无酒学佛。"清左宗棠题甘肃酒泉亭："甘或如醴淡或如水，无即学佛有即学仙"。清人张索懿对联："左壁观书，右壁观史；有酒学仙，无酒学佛。"清代钱大昕曾自撰联云："有酒学仙，无酒学佛；刚日读经，柔日读史。"酒是人类最早创造出来的神奇饮料，它能叫人超脱旷达，才华横溢，放荡无常；它能叫人忘却人世的痛苦忧愁和烦恼到绝对自由的时空中尽情翱翔；它也能叫人肆行无忌，勇敢地沉沦到深渊的最低处，叫人丢掉面具，原形毕露，口吐真言。将这样的文字写在祠堂的墙上，就是要告诫族人，对待酒要有理性，千万不能贪杯误事，害人害己。

古人通过壁画题材，反映出人们对人居环境的追求——小桥流水、田园诗意，这些都是东方式的人居理想。还有关于读书的绘画，关于神仙传说的描绘，也表达了对生活的追求。如此看来，花鸟可能与富贵有关，山水可能与人居环境、归隐有关，人物可能与功名有关。这些就基本表达了中国古人的人生理想。

江氏大宗祠以蚝壳外墙而知名。蚝壳为墙现在是十分稀奇，然而在明代以前这可能是珠江三角洲沿海地区普遍的建筑方式。唐刘恂《岭表异录》："卢亭者，卢循昔据广州，既败，余党奔入海岛野居，惟食蚝蛎，垒壳为墙壁。"明代到过岭南的学者官员的笔记里也常见到蚝壳为墙的文字。如安徽休宁叶权在《游岭南记》中写道："广人以蚬壳砌墙，高者丈二三，目巧不用绳，其头外向，鳞鳞可爱，但不隔火。"他所说的蚬壳应该是蚝

沙井步涌江氏大宗祠蚝壳墙（程建摄）

壳之误。还有江苏昆山王临亨于万历二十九年（1601）奉命到广东查案，他亲眼见到"广城多砌蚝壳为墙垣"，认为"园亭间用之亦颇雅"。清初岭南的大学问家屈大均对蚝更是进行了一番仔细的考证，说蚝是"咸水所结""以其壳垒墙，高至五六丈不仆"。他在番禺茭塘村看到居人墙屋以蚝壳为之，一望皓然。可见，起码在明代，珠江三角洲沿海地区从省城到乡村，都大量使用蚝壳砌墙。

蚝壳墙的消失，一个原因是后来的人们富裕起来，竞相攀比修建青砖的墙，蚝壳墙被视为寒贱而逐渐被淘汰。另一个原因是在清代康熙迁海的事件中遭到了毁灭性的破坏。如今还能见到一些蚝壳墙的珠海斗门南门村、番禺茭塘大岭村、广州市郊的小洲等处，都在康熙迁海的界外，那些白晃晃、经过五六百年不倒的蚝壳墙可以说是逃过那场浩劫的幸存物证。

世界著名设计师保罗·易保参观沙井步涌蚝壳墙
（程建摄）

沙井金蚝节是蚝乡新民俗

　　沙井蚝是深圳的地方特产，也是深圳的一张文化名片。在沙井蚝异地养殖的过程中，沙井也在思考如何传承传统的地方文化，将沙井蚝的产业留在当地，把沙井蚝的品牌做大做强。从2004年开始，宝安区每年都要举办"沙井金蚝节"，到2021年，沙井金蚝节已举办了十八届。每一届"沙井金蚝节"，沙井以节庆为平台，以创新手段提升沙井文化内涵，弘扬本土特色文化、群众文化和精品文化，促进沙井蚝和相关产业发展，推动沙井旅游业发展，建设一批群众文化设施，促进沙井经贸旅游文化产业全面发展，从而提升宝安及沙井的知名度。

沙井金蚝节，用文化拯救传统的产业

　　沙井蚝是深圳著名的特产，原产地为深圳市宝安区沙井街道，沙井从宋代开始插竿养蚝，距今1000多年的历史，是世界上最早人工养蚝的地区。1956年，沙井蚝业社被国家评为"模范合作社"，1957年被国家评为"全国劳模集体单位"。然而在城市发展的过程中，却面临衰落的局面。20世纪90年代初，珠江沿岸农业向"三来一补"加工工业转移，各种工厂排放的工业废水和生活污水不经任何处理，全部直接排入茅洲河，水质恶化，滩涂蜕变，导致沙井蚝生长速度变缓、个头变小，甚至每年都出现不同程度的死蚝现象。为了深圳经济特区的建设，蚝民祖祖辈辈传下来的蚝田被征用，蚝民被迫到惠州、阳江、湛江一带去异地养殖。看着蚝民的愁容和蚝业的困境，沙井街道决心要用文化的力量振兴蚝业，将这一地方特产打造成深圳文化的名片。2003年，沙井街道向深圳市旅游局提出开展"深圳农村一日游"的概念。2004年，倡导设立宝安区沙井金蚝节。2009年，在沙井街道办的指导及支持下，沙井蚝非遗传承人陈沛忠创办沙井蚝文化博物馆。2011年，陈沛忠及老蚝民代表、沙井大村各股份公司成立深圳市宝安区沙井蚝民俗文化研究会，陈沛忠任会长。如今，沙井金蚝节是广东省旅游文化节的重要活动，成为深圳市最有地方特色、最有影响力的节庆活动之一。

沙井金蚝节，是蚝民们的节日

刚开始酝酿文化节的名字时，有人主张叫沙井蚝文化节，有人主张叫沙井开蚝节，这些名字都不够响亮。沙井的老蚝民认为，沙井蚝的突出外形特征就是色泽金黄，体大饱满，状如黄金（元宝），提议就叫"金蚝节"吧！说得也是，沙井蚝历来是国产蚝的顶级品，由于采用采苗区、成长区和育肥区三区养殖方式，蚝养出来鲜嫩乳白，肉肥体大，鲜美爽脆，晒干做成蚝豉之后，体态饱满，尽显金黄颜色，金光闪闪，铮亮发光，确实讨人喜爱。这一提议得到了政府部门和公众的认可，于是就将第一届沙井蚝节定名为"沙井金蚝节"。

在沙井金蚝节筹办过程中，沙井街道开门办节，政府部门不大包大揽，充分发挥本地蚝业企业、社区作用，将沙井金蚝节办成蚝民自己的节日。2005年，街道组织将沙井蚝生产习俗申请为深圳市非物质文化遗产代表性项目。2010年12月，街道支持成立了一家以沙井蚝民俗文化为研究对象的民间组织——沙井蚝民俗文化研究会。该研究会的宗旨是积极收集、整理与沙井蚝历史文化相关的实物和资料，开展沙井蚝历史文化研讨活动，为沙井蚝养殖经营提供相应服务和咨询，积极弘扬沙井蚝民俗文化的优良传统，丰富沙井蚝民俗文化内涵。同年，沙井蚝厂收回一栋出租厂房，投入资金200多万元，将其改建成沙井蚝文化博物馆，举办以"蚝乡，蚝韵"为主题的沙井蚝历史文化展览，用丰富的图片、实物和模型，全面、系统、形象地展示了沙井蚝悠久的历史和文化，让广大观众更加了解深圳的地方文化。沙井蚝民俗文化研究会、沙井蚝文化博物馆的成立，对于传承沙井蚝历史民俗文化有着重要的推动作用。

沙井金蚝节，带来了沙井的热闹

节日是人类生活中的盛典，给人们提供快乐、热闹、喜庆和休闲等，还会影响人的精神和心灵。沙井街道从举办沙井金蚝节开始，就将这个节日定位为一个地方的文化节。地方的文化节就应该是地方文化的盛典和精华，延续地方传统和精神的有效载体。沙井街道组织专家学者深挖地方历史文化资源，先后编辑出版《守望合澜海——沙井蚝民口述史》《千年传奇沙井蚝》《沙井旅游》《沙井蚝业志》等书籍，配合中央电视台拍摄有关沙井蚝的专题片，在《致富经》《每日农经》《乡土》等栏目播放。

中央电视台记者到沙井蚝异地养殖场采访
（程建摄）

深圳文化是海洋文化、移民文化、开放文化。这三点在沙井蚝上就能够体现得淋漓尽致。沙井蚝是从海里产生、在海里培育，本身就是跟海打交道的生产和文化；这些蚝民又都是早期从别的地方移民到这

中央电视台记者采访沙井蚝市场
（程建摄）

边来的；还有一个就是开放的文化，一代一代的移民在这个地方共同筑造了宝安的文化，或者说深圳的文化。

通过对地方文化的挖掘，在策划上下了功夫，紧密结合蚝乡的历史、蚝乡的人物、蚝乡的风俗，赋予了沙井金蚝节丰富的文化内涵。

沙井金蚝节，激活了衰落的古老街区

沙井大街是改革开放前沙井唯一的街道，镇政府、供销社、百货公司、糖烟酒公司、粮所、沙井宾馆、影剧院、医院等单位都集中在这里，曾经繁华一时。然而，随着工业化和城市化的推进，政府迁走了，银行搬走了，沙井大街在周边新建的宽大街道和高耸的楼盘的包围下越来越落寞。沙井金蚝节让市民知道了沙井大街，越来越多的旅客走进沙井大街，在逼仄的巷道里寻幽觅古，一张张的照片聚焦古祠堂、古民居、古庙、古塔、古涌、古塘、古树，照片被贴上网络，网民被古香古色的景象惊呆了，这里也还是深圳吗？2020年，沙井古墟被深圳市政府公布为深圳市第一批历史文化风貌街区。

沙井大街的蚝民

如今，沙井金蚝小镇项目已启动，项目通过"重点城市更新单元+历史街区活化整治"的创新实施路径，将历史性、未来性文化元素与文旅产业打造为古墟新名片与深圳文旅融合发展的全新范本。在不久的未来，沙井将成为宝安文化之魂的人文节点、深圳西部城市级文化中心、大湾区兼具本土特色及先锋气质的文化高地。

2004年12月20日晚，在沙井市民广场举行首届沙井金蚝节启动仪式暨"蚝香千年，精彩宝安"开幕式晚会。

2005年12月19日晚，第二届沙井金蚝节开幕式暨"盛世蚝情·魅力宝安"大型文艺晚会在沙井市民广场隆重举行。深圳市旅游局局长池雄标出席了开幕式。

2006年12月21日，以"蚝香千年精彩宝安"为主题的第三届沙井金蚝节开幕，本届蚝节组织"蚝乡生态一日游"活动，举办沙井金蚝烹饪比赛，水中天酒楼的鸳鸯团聚、濠源城的酥炸生蚝获得首届沙井金蚝烹饪比赛传统蚝菜金奖，上园酒店的头抽香煎生蚝、乡下菜馆的好事滚滚来获得创新蚝菜金奖。

2007年12月17日，第四届沙井金蚝节开幕。活动主题是"蚝乡旅游·精彩宝安"。举办沙井新八景投票评选活动，入选景点为江氏大宗祠蚝壳屋景区、海上田园风光旅游区、曾氏大宗祠景区、西海堤自然景区、沙井市民广场综合景区、洪田火山公园景区、永兴桥景点和黄舒墓文物景点。沙井金蚝节被列入

首届沙井金蚝节启动仪式暨"蚝香千年，精彩宝安"开幕式晚会

广东省国际旅游文化节的重要活动。

2008年12月23日，第五届沙井金蚝节开幕，活动主题是"蚝乡旅游·优美宝安"，包括蚝餐午宴、文艺演出、摄影比赛及优秀作品展，蚝乡美食旅游购物节，"蚝民、蚝乡、蚝情"社区蚝文化活动等系列活动。

2009年12月21日至28日，举办宝安区第六届沙井金蚝节，省市老领导方苞、李广镇等出席开幕式。

2010年12月21日至27日，以"千年蚝乡，优美宝安"为主题的第七届沙井金蚝节在古镇沙井举行。成立沙井蚝民俗文化研究会。还筹集资金将一栋出租厂房改建成沙井蚝文化博物馆。该馆占地面积600平方米，两层，建筑面积1200平方米，下面一层为固定陈列室，上面一层，一半为临时陈列室，一半为沙井蚝民俗文化研究会办公和接待区域。沙井

省市老领导方苞、李广镇等出席宝安区第六届沙井金蚝节开幕式

2012年12月21—29日，宝安区第九届沙井金蚝节举行

2016年12月22—31日，第十三届深圳宝安沙井金蚝节举行

蚝民俗文化研究会举办以"蚝乡，蚝韵"为主题的沙井蚝历史文化展览，用丰富的图片、实物和模型，全面、系统、形象地展示了沙井蚝悠久的历史和文化，让广大观众更加了解深圳的地方文化。

2011年12月21日至27日，第八届沙井金蚝节举行。本届沙井金蚝节安排了22项文化活动，并举办蚝乡旅游形象歌手大奖赛。12月19日，沙井蚝民俗文化研究会与深圳市水产协会、宝安区水产协会联合举办"广东蚝业产业发展研讨会"，原广东省海洋与渔业局副巡视员叶焕强作《浅谈广东蚝业的发展与传

第十六届宝安区沙井金蚝美食民俗文化节

沙井金蚝节除了开展金蚝美食周外，还在沙井蚝文化博物馆小广场上演精彩的蚝文化活动

沙井金蚝小镇升平围龙津河，既是市区重点治水工程，也是跨街重大民生工程

饱览沙井美曲美景，感受千年古墟迎来新生，领略沙井之风采

2021年12月24日，第十八届沙井金蚝美食民俗文化节

在沙井义德堂门外搭设了直播间，采用网络渠道推介金蚝节蚝产品

承》的报告，原中国科学院南海水产研究所研究员黄健麟作"国内外牡蛎养殖的动向及生产技术"的发言，台山市海洋与渔业局工程师郑仲贤作"广东牡蛎养殖区生态环境及发展状况"的发言，深圳市海利达公司董事长陈旭良作"深圳养殖企业异地养殖的体会与经验"的发言，宝安区经济促进局副局长万国顺、宝安县原水产局局长薛峰参加会议。同日，举办吴序运蚝文化摄影展览、沙井蚝文化雕塑展。

美食篇

MEISHI PIAN

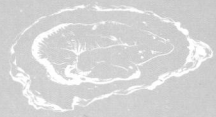

牡蛎的滋味来自哪里

　　我国的牡蛎风味多样，沿海地区分布着种类多样的牡蛎种群。"太平洋牡蛎"是我国北方沿海的主要养殖种类，俗称"海蛎子"，产地分布在北起鸭绿江口，南至江苏连云港的周边海域，2018年产量达到124.11万吨，占当年全国牡蛎总产量的24.15%。葡萄牙牡蛎（俗称"蚵仔"）是闽浙两地的主要养殖种类，主要分布在地处我国东海区的浙江、福建及粤东地区的潮间带及潮下带浅水区。葡萄牙牡蛎也是产量最高的牡蛎，2018年福建牡蛎产量增加到211.72万吨，在全国牡蛎总产量中占比41.20%。浙北沿海城市称之为"蛎蝗"的牡蛎属于近江牡蛎，历史上曾广泛分布于中国沿海河口水域。香港牡蛎即南方沿海居民俗称的"白肉""大蚝"，主要分布在地处我国南海的广东、广西和海南。近江牡蛎因软体部颜色呈暗褐色，我国南方沿海渔民又俗称其为"红肉"。

　　牡蛎的滋味来自哪里？简单来说，贝类浓郁鲜美的滋味来自其体内为储备能量以及平衡外部盐度而累积的风味物质。贝类利用氨基酸来对抗海水盐分，平衡渗透压，因此海水盐分越高，贝类就越鲜美。所以不同海域、不同温度与不同微生物环境中养成的牡蛎滋味也有不同，但总的来说影响最大的还是海水盐度——某种程度上说，牡蛎的味道就是其所在海域养成的味道。

蚝的美食地图

　　夏天是烧烤的季节，而一顿完美的烧烤怎么能少得了烤生蚝？蚝壳是天然的食器，盛住多汁的蚝肉和金黄的蒜粒，在每个食客的舌上滋滋共鸣。真的要感谢湛江炭烧蚝，风靡神州，出现在每一个美食节的摊位上，很多人就是在这里遇见蚝，尝到人生第一只蚝的滋味。改革开放以前，作为高档海产品的蚝是国家的战略物产，实行统购统销，全部出口创汇。就是沙井这样蚝产区的蚝民也舍不得吃大蚝，这就难怪粤菜菜系里见不到以生蚝为食材的美味佳肴！

　　除了烤，生蚝还有蒸煮、盐焗、生煎、软炸、生晒、做馅等多种吃法，不管是被叫作海蛎子、蛎蝗、牡蛤、蛎蛤、蚵仔还是生蚝，牡蛎在各地都有自己的烹饪之道。

　　辽宁、山东沿海一带，有一种特色小吃叫炸蛎蝗，制作简单却美味。为用料酒稍微腌制过的海蛎子裹上蛋液，粘淀粉后直接下锅，炸到金黄酥脆、外焦里嫩。另一味特色小吃萝卜丝海蛎包子，是将海蛎子肉和猪肉一起绞碎，加入焯水之后的萝卜丝拌馅，包进面团里上笼屉蒸，比平常的肉包多了不少鲜美。

　　南方人则喜欢用蛋的滑嫩来跟牡蛎的鲜美搭配。除了最简单家常的牡蛎蒸蛋羹，闽南地区的蚵仔煎是先将牡蛎肉与木薯粉、鸡蛋混合成湿润面饼，继而用平底锅煎到两面金黄，再铺上新鲜蔬菜，最后淋些甜辣酱。咬一口外皮脆嫩，里面蚝肉多汁，是非常受欢迎的一道小吃。而潮汕地区的蚝仔烙，蚝肉加葱花、姜末、黄酒调味，揉进面糊里摊成蛎蚜饼。台湾小吃蚵嗲，又称蚵仔炸、蚵仔嗲，是用面粉、牡蛎肉、猪肉末、韭菜末、高丽菜末、芹菜末、五香粉和少许胡椒粉等做成糊，再加以油炸。

沙井人更喜欢蚝的原汁原味，无论是白灼生蚝、姜葱生蚝，还是酥炸生蚝、香煎金蚝，无不透露出块头大的霸气。

除了这些地域小吃，有关生蚝的美食还有生炒明蚝、香煎金蚝、藕香蚝豉、火腿炖蚝豉、鲜蚝豆腐……沿着海岸线，足可以吃出一幅生蚝的美食地图。

蚝的家常做法

最早知道牡蛎还是在莫泊桑的那篇题目叫《我的叔叔于勒》短篇小说里，约瑟夫说他们一家到哲西岛去旅行的船上，见到"一个衣衫褴褛的老水手，用小刀一下撬开了它的壳子交给男搭客们，他们跟着又交给那两个女搭客。她们用一种优雅的姿态吃起来，一面用一块精美的手帕托起了牡蛎，一面又向前伸着嘴巴免得在裙袍上留下痕迹。随后她们用一个很迅速的小动作喝了牡蛎的汁子，就把壳子扔到了海面去"，他说他的父亲无疑地受到那种在一艘开动的海船上吃牡蛎的高雅行为的引诱了。我读了这篇小说也被牡蛎迷住了，然而除了知道它是美味海鲜，一直也不清楚它的模样和滋味。

直到20世纪末到了沙井，才看到被当地人叫作蚝的牡蛎。不仅看到了它的模样，品尝到了它的滋味，还因为金蚝节的筹办，与沙井蚝结下了不解之缘。

牡蛎素有"海底牛奶"之美誉，很早就成为人们餐桌上的美味佳肴。古罗马人已经懂得吃生蚝，视为人间珍味之一。在罗马帝国末年，荒淫的富豪们的奢侈宴会，每年就不知要消耗多少由奴隶们向大西洋沿海用冰车运来的生蚝。欧洲的法国和英国也都以产蚝著名。牡蛎在法国是以生吃为主，人们不仅生吃蚝肉，而且还要将壳里的汁水喝光，真的很豪爽。

中国人历来不敢吃生蚝。古人对待食物，和对待药物没有两样，总要分出一个温热平寒的药性来，据说蚝性属寒，不宜生吃，只有酥炸烹煮才能去除寒气。其实，法国人吃的生蚝是深海牡蛎，很少细菌寄生，生吃较为卫生；而沙井蚝生长在咸淡水交汇处，属于香港牡蛎，浮游生物丰富，就不免有利于细菌的生长，需要经过高温加工，才能吃得安全。

在改革开放之前，沙井蚝是广东省重要的出口创汇产品，国家实行统购统销，市面上很难见到沙井蚝的身影。不是蚝民人家，一般是吃不到鲜蚝的，所以就是丰富多样的粤菜也无法将沙井蚝作为食材做菜肴。北方的人们拿到别人送的沙井蚝也是没有办法处理，有好多人都用刀剖开蚝，将胃囊洗得干干净净，他们认为蚝体内的黑东西是肮脏的，殊不知他们将蚝的精华洗去了，那里含有叶绿素、叶黄素、胡萝卜素和果胶等营养物质。

每年冬春是收蚝的好季节。俗谚有谓："冬至到清明，蚝肉肥晶晶""正月肥蚝甜白菜"，以农历正月的蚝肉最为肥美，最为好吃。蚝肉经加工成为蚝豉，又是"好事"的谐音，所以在新春期间，许多人都设法备点蚝豉佐膳或奉客，甚至再配上发菜炖蚝豉，叫作"发财好事"，以图有个发财的年头。

说起吃蚝，许多人会想到夜市中的"炭烧生蚝"，或者西餐厅里的"青芥生蚝"。其实，这只是蚝的吃法中最极端的两种，加入大量的蒜蓉和剁椒，其实蚝的本味还能剩下多少？说真话，吃蚝还是跟蚝民人家学才正宗。

沙井蚝民家庭平常是舍不得吃上等级的蚝的，一般用小蚝、蚝仔和红蚝做菜。他们喜欢将小蚝、蚝仔切碎，用生粉、蒜蓉、葱花拌匀，做成饼状。如果装在碟里，放进饭锅里蒸，就是蒸蚝饼；如果放到水里煮，就成了煮蚝饼；如果用油煎，就是煎蚝饼。口感的好坏就在于生粉，这是用粳米粉和糯米粉混合而成，软硬就看糯米粉加多少。将小蚝、蚝仔和红蚝用清水煮熟，然后将面条下到锅里，就是当地老人们喜欢吃的煮蚝面。此外，还有蚝肉炒蛋、炒蚝松、蚝烧豆腐等等。

酥炸蚝是将蚝肉洗净加入一些黄酒略腌，另取面粉加蛋加水，调成厚糊，放少量精盐，然后夹蚝肉蘸面糊入油镬煎至金黄色即可上桌。酥皮非常考验功力，酥皮的好坏直接影响酥炸蚝成品的好坏，不同的大厨制作酥皮的方法不同，油、鸡蛋、面粉以及淀粉的配搭比例也不同。淀粉少了，炸出来的蚝水淋淋的；油少了，蚝又会变得硬邦邦。只有比例适当，酥炸蚝才会既松又脆。金酥炸生蚝的表皮干且色泽金黄，蚝肉嫩且色泽洁白。食时，可蘸以酱油、醋或芝士，入口外脆内软，一定让你赞不绝口。冬至大过年，沙井蚝民家做生菜包，将蚝、猪肉、慈姑等用生菜包在一起吃。

砂锅蚝仔粥是蚝家最常见的吃法，简单、实惠，而且暖心。下粥的生蚝非得个子小的不可，如此方能显出生蚝的鲜甜味道来。可根据个人的口味，放姜丝、青蒜，再撒上胡椒，即可食用。由于粥水含有淀粉质，再加上蚝本身的特点，吃起来十分软滑鲜甜。而且，这粥低油低脂、原汁原味、口感清新，符合现代人的健康追求。

美味其实是最简单的，原汁原味最重要。鲜蚝最好的做法就是白灼，白灼的方法又有两种：一种是打边炉，也就是吃火锅，在汤中涮过后蘸蒜蓉油碟吃；一种是堂灼，用蒸馏水或者矿泉水水灼，可加点生姜片和大葱段去腥提味，然后蘸蒜蓉油碟吃。裹满蒜蓉油汁，一口下去可谓唇齿留香，这做法很简单，却很让人回味。无论口感还是味道，白灼生蚝都是完美的。咬一口白生生的蚝肉，有咬果冻的那种爽滑，蚝肚里有点点的浅绿色物质，那是生蚝吸收的海藻和微生物，可不是脏东西。不过，切记酱料内万万不可加酱油，食家称酱油会破坏蚝的鲜味。吃过鲜蚝后，最好喝一杯菊花茶，这样可以消腻。

鲜蚝晒成干品，称为蚝豉。若把鲜牡蛎肉及汁液一起煮熟晒干或烘干后便成为熟蚝豉。若要保持全味则不煮，将牡蛎肉直接晒干，便成为有名的生晒蚝豉。蚝豉煲粥、煲汤，可用生晒蚝豉，也可用熟晒蚝豉，用生晒蚝豉煲时不宜时间太长，煲得过火，其消化盲囊部位稍带酸味，处理办法将蚝豉分为两节，闭壳肌部分先煲，消化盲囊部分迟煲。习惯上，人们将闭壳肌部分叫作"蚝钱"，消化盲囊叫作"蚝肚"。

如果用熟晒蚝豉，则煲多久都可以。有人认为，熟晒蚝豉是出过蚝油的副产品，质量不好，营养不及生晒蚝豉，其实并非如此。熟晒确实是经过煮熟，产了蚝油后晒干，仍然非常鲜美，就好像虾米一样，把虾煮熟晒干，不但没有因为煮熟而味淡，反而增加了"虾米"这种特殊的香味。足干的蚝豉储存阴凉处，潮湿天气过后，晾晒一下，也可用胶袋密封放雪柜，这样可长年食用。足干蚝豉如果蒸煮不软，咀嚼不烂，就品尝不到其中滋味，发挥不到蚝豉这个珍品的美味，容易误解为，其质量"不外如是"！因此，如果蒸煮时受限，就需提前用水浸软，然后蒸煮。

半干湿蚝豉俗称罗淋蚝。香煎金蚝，选用的是生晒蚝，蚝肚结实，色泽金黄，号称金蚝。香煎金蚝的做法非常简单，只需将生晒蚝直接放在锅里慢慢地煎，翻来覆去，直至煎熟。味道香浓而且有"嚼头"，而没有传统的"爽滑"的口感。

白灼生蚝

炭烧生蚝

沙井蚝菜谱选

一、鲜蚝

1. 姜葱焖蚝

材料：鲜蚝500克，葱100克，姜25克，蒜蓉、盐、酒、油适量。

做法：蚝冲洗干净，沥干水，葱切长度，姜切片，蒜成蓉，油滚炸香蒜姜，蚝下锅，洒少许酒，盖好盖，稍顷开盖翻匀，免使粘锅，复盖至熟，下盐、葱、香油，上碟。

注：煮时无需加水，蚝虽经沥水，煮时也会挤出水分，加水就会因汁多而味淡。

姜葱焖蚝

2. 什锦蚝

材料：鲜蚝500克，猪腩肉50克，炸腐竹50克，绍菜50克，冬菇25克，猪浮皮（或爆鱼肚）50克，姜、葱、蒜、芫荽、油、糖、盐、酒、胡椒粉适量。

做法：蚝洗净、沥水，肉、炸腐竹切件，菇浸开，浮皮切件浸好。油滚，蒜蓉炸锅，落蚝，洒少许酒，盖好，稍顷翻匀免粘锅，入各料同焖至熟，入糖、芫荽，上碟。

3. 蚝崧

材料：鲜蚝250克，姜、葱、胡椒粉、淀粉、生油、蒜蓉、盐适量。

做法：鲜蚝洗净稍剁（较小的蚝更好），姜葱切碎，淀粉稀释。油锅滚，蒜、姜炸香落蚝，洒少许酒，紧盖，稍顷，至盖好煮熟，加入配料，入芡粉、香菜、熟油，上碟。

注：配料也可以灵活选择，或加入剁碎的烧肉、腊味、炸豆腐、芫荽、芝麻等。配料不能太多，多了就喧宾夺主，冲减了蚝的鲜味。

4. 煎蚝饼

材料：鲜蚝250克，鸡蛋2枚，姜、葱、淀粉、胡椒粉、糖、盐适量。

做法：蚝洗净稍剁，蛋打匀，姜汁、葱花、糖、盐、胡椒粉加入搅匀。置恒火油锅上煎（非炸）熟上碟，可用青瓜等切片伴碟。有人用此材料蒸蚝饼，也另有风味。

5. 蚝汤

材料：鲜蚝250克，菜（芥菜、菠菜、生菜等均可）500克，姜、油、盐适量。

做法：烧热油锅，炸姜片，下水，水滚下蚝，滚出蚝味，入菜至煮好。

注：蚝汤不用放太多蚝，可适当加入猪肉片。

6. 炸生蚝

材料：鲜蚝500克，粘米粉或麦粉、炸粉，鸡蛋2枚，茴香粉、葱、姜汁、糖、盐、油适量。

做法：蚝洗净，沥干水分，蛋、糖、盐、姜汁、葱、茴香粉等搅匀成酱。油滚逐只蘸粉下锅，炸熟（金黄色）。

注：蚝要沥干水，酱粉不能稀。有的做法先焯熟蚝，焯熟的蚝易蘸粉，不

会因蚝的表皮水泡过热膨胀而溅飞油伤人，但味道稍逊。另外，也有用粉皮包蚝炸，用猪网油包蚝炸等多种多样食法。

炸生蚝

7. 鲜蚝粥

材料：鲜蚝５００克，花生米５０克，眉豆５０克，新鲜大米１００克，姜、葱、油、盐、蒜适量。

做法：米、花生、眉豆、姜一齐煲好粥。蚝洗净，沥干水，用少许油、姜、葱炸锅，将蚝焖熟。上席前把熟蚝拌入粥里。此法的蚝，味鲜、爽脆。也可以将熟蚝放入粥里，继续煲至软烂，此法蚝绵软、糯烂，只要放入口里，不必动齿，便有满口绵香的感觉。此法也可加入猪肉一同煲焖，尤其肥猪肉与焖蚝的味感，更有另一种风味。

注：加入肥猪肉煲焖，其脂肪会转为不饱和脂肪，对怕影响血压者无碍。煲粥也可以加入咸猪骨、排骨头、腊鸭颈等，更美味。

8. 蚝火锅

材料：鲜蚝、蔬菜、肉类、粉等火锅惯常食物。

做法：鲜蚝（人均约100克）、姜片煮成汤底在这锅鲜美的奶白色的蚝汤里焯熟然后入嘴的食物，无不因沾了野味的蚝汁而格外美味。

二、蚝豉

1. 煎金蚝

材料：选择大约晒了一天约去了60%水分的湿蚝豉，表面淡黄或米色，油适量。

做法：油少许烧滚，蚝逐只摊放锅里，慢火煎至皮爆小泡，蚝身金黄（所以称金蚝），可用少许香菜伴碟。

注：煎金蚝，油不能过多。

煎金蚝

2．清蒸半干蚝豉

材料：半干蚝豉150克、油、盐、葱花、胡椒粉适量。

做法：蚝豉洗净盛碟，放姜、油（葱后放），蒸锅水滚放入，至熟上席。

注：半干蚝豉黄褐色或褐色，经晒已去除80%水分，手指压蚝肚较软，适宜清蒸。放盐时要注意蚝原本有的咸味（受场地盐分与加工时腓盐等影响），要适当调节，也可不放盐，上席时淋以蚝油。

3．蚝豉蒸蛋

材料：半干蚝豉50克，鸡蛋1枚、肥瘦猪肉50克，盐、油、姜汁、胡椒粉、葱适量。

做法：蚝豉洗净切碎，猪肉剁碎，鸡蛋打匀，与配料一齐搅匀。蒸锅水滚，放架上蒸熟。

注：此配料加入韭菜、芹菜、大蒜等也可用作包饺子之馅料。半干蚝豉不能久存，如果不是即食，可用胶袋密封，暂放冷柜，久存则要晒至足干，否则，容易生霉变味。

4．蚝豉煲仔饭

材料：蚝豉25克，腊鸭50克（或腊肉、腊肠），米100克（也可粘米、糯米各一半），蚝豉、熟油适量。

做法：蚝豉、腊味、米洗净，齐煲至熟入蚝油，熟油上席。

注：足干蚝豉太硬，可提前洗净浸软与水一齐入煲。

5. 好事发财

材料：蚝豉（生熟晒均可）100克，烧腩100克，发菜25克，冬菇50克，青蒜50克，黄金菜（或金针菇）50克，生菜250克，姜片、油、盐适量。

做法：蚝豉、冬菇、发菜洗净浸软，生菜洗净，腩肉斩件。烧滚油锅入姜蒜炸香，再下蚝豉，腩肉爆过，加适量水，入发菜、冬菇，至焖好，生菜焯熟垫底上。

6. 粉丝蚝豉

材料：蚝豉150克，烧腩肉200克，冬菇25克，绍菜200克，粉丝150克，油、盐、姜、蒜、香菜适量。

做法：蚝豉洗净，腩肉斩件，冬菇洗净，绍菜切好，粉丝浸软。烧滚油锅，入姜蒜爆香，爆过的绍菜放入煲内，再爆过腩肉、蚝豉，入小碗水同时放入冬菇煲约20分钟，加入粉丝稍煲，再入熟油、香菜，上席。

注：此粉丝蚝豉和发菜蚝豉，用生晒蚝豉或熟晒蚝豉都可以，熟晒蚝豉做出来另有一种口感，生晒蚝豉焖煮不用大火，大火会略带酸味。

7. 蚝豉汤（好市好利汤）

材料：莲藕500克，猪脷（舌）1条，蚝豉100克，红枣6枚，陈皮1块，姜2片。

做法：莲藕、猪脷（舌）洗净，蚝豉与配料一齐入煲，加水煲1个小时以上，上席。

8．蚝豉眉豆（或糜豆）汤

材料：蚝豉100克，眉豆（或糜豆）100克，花生米100克，排骨头1个，陈皮1块，生姜2片。

做法：猪骨洗净斩件，蚝豉与配料一齐煲约2个小时至够软便可。

9．蚝豉发菜汤

材料：蚝豉100克，发菜15克，陈皮1块，姜2片，猪展（肘肌）肉250克。

做法：发菜浸洗干净（留用），水滚时蚝豉与配料一齐入煲1个小时，加入发菜至煲好。蚝豉煲汤除了上面所述，还可如鲍鱼、瑶柱、螺干一样，配以猪骨、猪肉、鸡、鸭等一同煲汤。

10．蚝豉粥

材料：蚝豉50克，瘦猪肉50克，姜2片，大米50克。

做法：米、姜、蚝豉加水同煲咸粥，入猪肉、盐即可。

注：蚝豉粥对于病后、感冒、虚火牙痛等的身体恢复有所帮助。

三、蚝油

1．蚝油鲍鱼（干鲍、鲜鲍、罐头）

材料：罐头鲍1罐，蚝油30克，蒜头2瓣，豆粉半汤匙，酒1汤匙，上汤3汤匙，猪油2汤匙，麻油2汤匙，白糖1汤匙，芡粉、盐适量，罐头汁可加入。

做法：锅里烧香猪油，加入配料（留芡粉），加入鲍鱼（干鲍要提前煮软），略炒，入芡粉，上碟。

2．蚝油麻鲍仔

材料：鲍鱼仔200克，蚝油20克，葱、姜、糖、酒适量。

做法：鲍鱼洗净，姜葱起锅，炸酒，加水煮软，入蚝油、配料，略炒，上碟。

3. 蚝油冬菇

材料：冬菇150克，猪油150克，生菜500克，蚝油2汤匙，姜、葱、酒、糖适量。

做法：冬菇（去蒂）浸软，加猪油、姜、葱、酒、糖焖好，用蚝油调好味，生菜焯熟垫底。

4. 蚝油荷包蛋

材料：鸡蛋、油、蚝油。

做法：油滚，慢火煎蛋，蛋煎好，淋上蚝油上碟，香气独特。

5. 蚝油腊味饭

材料：糯米50克，粘米50克，油鸭1块（或其他腊味），蚝油15克。（也可加冬菇2个，菜心1根）

做法：米与腊味放瓦煲煮熟，加入蚝油捞匀（或加少许熟油），则香气扑鼻。

6. 蚝油猪手

材料：猪手500克，南乳20克，蚝油30克，生油15克，蒜蓉、茴香适量。

做法：猪手斩件，烧香油锅，蒜蓉、南乳炸锅，加水适量，入茴香，猪手焖软，加入蚝油，上碟。

7. 蚝油生菜胆

材料：生菜750克，猪油150克，蚝油2汤匙。

做法：将菜叶削去，成为菜胆，滚水灼熟沥干水，淋上蚝油、猪油，上碟。

8. 蚝油牛肉

材料：牛肉250克，葱梗2条，蒜头2瓣，生姜3片，酒15克，生油500克，蚝油30克，小苏打、盐、芡粉、糖适量。

做法：牛肉切片（小苏打、盐、芡粉捞匀），烧滚油将牛肉捞起，去油，蒜蓉、姜片炸香油锅，入牛肉略炒，加入蚝油、糖、粉芡，上碟。

9. 蚝油白切鸡

材料：鸡1只（约500克），蚝油30克，葱、熟油适量。

做法：鸡削净，按做白切鸡的做法灼熟，斩件，淋上蚝油，葱伴边，上碟。

10. 蚝油捞面（米粉、河粉、肠粉）

材料：面（米粉、河粉、肠粉）150克，蚝油30克，熟油、葱、姜、香菜适量。

做法：粉面熟后，淋上蚝油、熟油，加上葱、姜、香菜。

文化篇

WENHUA PIAN

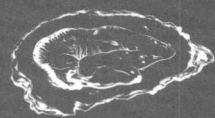

历代文献录

蚝

（唐）刘恂

蚝即牡蛎也。其初生海岛边，如拳而四面渐长，有高一二丈者，巉岩如山。每一房内，蚝肉一片，随其所生，前后大小不等。每潮来，诸蚝皆开房，见人即合之。海夷卢亭往往以斧揳取壳，烧以烈火，蚝即启房。挑取其肉，贮以小竹筐，赴墟市以易酒（原注：卢亭好酒，以蚝肉换酒也）。肉大者，腌为炙；小者，炒食。肉中有滋味，食之即能壅肠胃。

——《岭南录异》

食 蚝

（宋）苏轼

己卯冬至前二日，海蛮献蚝，剖之，得数升，肉与浆入水，与酒并煮，食之甚美，未始有也。又取其大者，炙熟，正尔啖嚼，又美吾煮者。海国食蟹螺八足鱼，岂有厌。每戒过子慎勿说，恐北方君子闻之，争欲为东坡所为，求谪海南，分我此美也。

——《大观录·卷五》

牡 蛎

（宋）苏颂

今海旁皆有之，而南海闽中及通泰间尤多。此物附石而生，相连如房，故名蛎房，一名蚝山，晋安人呼为蚝莆。初生海边才如拳石，四面渐长有一二丈者，崭岩如山，每一房内有蚝肉一块，肉之大小随房所生，大房如马蹄，小者如人指面，每潮来则诸房皆开，有小虫入，则合之以充腹。海人取之皆凿房以烈火逼开之，挑取其肉。

——《本草图经》

蜒 蛮

（宋）周去非

以舟为室，视水如陆，浮生江海者，蜒也。钦之蜒有三：一为鱼蜒，善举网垂纶；二为蚝蜒，善没海取蚝；三为木蜒，善伐山取材。凡蜒极贫，衣皆鹑结。得掬米，妻子共之。夫妇居短篷之下，生子乃猥多，一舟不下十子。儿自能孩，其母以软帛束之背上，荡桨自如。儿能匍匐，则以长绳系其腰，于绳末系短木焉，儿忽堕水，则缘绳汲出之。儿学行，往来篷脊，殊不惊也。能行，则已能浮没。蜒舟泊岸，羣儿聚戏沙中，冬夏身无一缕，真类獭然。蜒之浮生，似若浩荡莫能驯者，然亦各有统属，各有界分，各有役于官，以是知无逃乎天地之间。广州有蜒一种，名曰卢亭，善水战。

——《岭外代答》

牡 蛎

（明）李时珍

牡蛎肉甘、温无毒，煮食治虚损，调中，解丹毒，妇人血气，以姜醋生食治丹毒，酒后烦热，止渴。炙食甚美，令人细肌肤、美颜色。

——《本草纲目》

蚝

（清）屈大均

蚝，咸水所结，其生附石，磈礧相连如房，故一名蛎房。房房相生，蔓延至数十百丈，潮长则房开，消则房阖，开所以取食，阖所以自固也。凿之，一房一肉，肉之大小随其房，色白而含绿粉，生食曰蚝白，腌之曰蛎黄，味皆美。以其壳累墙，高至五六丈不仆。壳中有一片莹滑而圆，是曰蚝光，以砌照壁，望之若鱼鳞然，雨洗益白。小者真珠蚝，中尝有珠。大者亦曰牡蛎，蛎无牡牝，以其大，故名曰牡也。东莞、新安有蚝田，与龙穴洲相近，以石烧红散投之，蚝生其上，取石得蚝，仍烧红石投海中，岁凡两投两取。蚝本寒物，得火气其味益甘，谓之种蚝。又以生于水者为天蚝，生于火者为人蚝。人蚝成田，各有疆界，尺寸不逾，逾则争。蚝本无田，田在海水中，以生蚝之所谓之田，犹以生白蚬之所谓之塘，塘亦在海水中，无实土也。故曰南海有浮沉之田。浮田者，蕹簰是也。沉田者，种蚝种白蚬之所也。其地妇女皆能打蚝，有《打蚝歌》，予尝效为之。有曰："一岁蚝田两种蚝，蚝田片片在波涛。蚝生每每因阳火，相叠成山十丈高。"又曰："冬月真珠蚝更多，渔姑争唱打蚝歌。纷纷龙穴洲边去，半湿云鬟在白波。"打蚝之具，以木制成如上字，上挂一筐，妇女以一足踏横木，一足踏泥，手扶直木，稍推即动，行沙坦上，其势轻疾。既至蚝田，取蚝凿开，得肉置筐中，潮长乃返。横木长仅尺许，直木高数尺，亦古泥行蹈橇之遗也。

香山无蚝田，其人率于海旁石岩之上打蚝，蚝生壁上，高至三四丈，水干则见，以草焚烧之，蚝见火爆开，因夹取其肉以食，味极鲜美。番禺茭塘村多蚝。有山在海滨，曰石蛎，甚高大，古时蚝生其上，故名。今掘地至二三尺，即得蚝壳，多不可穷，居人墙屋率以蚝壳为之，一望皓然。

——《广东新语》

蚝

蚝出合澜海中及白鹤滩，土人分地种之，曰蚝田，其法：烧石令红，投之海中，蚝辄生石上。或以蚝房投海中种之，一房一肉。潮长，房开以取食；潮退，房阖以自固。壳可以砌墙，可烧灰，肉最甘美，晒干曰蚝豉。

——嘉庆《新安县志》

蚝和蚝田

叶灵凤

近来报纸上时常有男变女，女变男的新闻，认为是现代的奇迹。其实，在生物界里，男变女，女变男，或是亦男亦女，实在是家常便饭。就拿广东人最爱吃的蚝来说，这小生物在一年之中，就要从雌变成雄，然后又从雄变雌好几次。

蚝是有世界声誉的美食。对于生蚝的嗜好，欧洲人比我们中国人更甚，欧洲的法国和英国都是以产蚝著名的，甚至古罗马人就已经懂得吃生蚝，视为珍味之一。在罗马帝国末年，荒淫的富豪们的奢侈宴会，每年就不知要消耗多少由奴隶们向大西洋沿海用冰车运来的生蚝。

广东人对于生蚝，除了冬天打边炉和酥炸生吃以外，还懂得生晒制成蚝豉，又能够提取蚝汁的精华，制成著名的蚝油。

广东产蚝的地方，以中山的唐家湾最著名，其次便要数到毗连香港的宝安了。中山的蚝，就是澳门蚝油的主要来源，但晒成的蚝豉，则沙井比中山更有名，因此，香港海味店里卖的蚝豉，总是以"沙井蚝豉"来标榜。

香港新界的大埔海、元朗、后海湾，从前都是宝安辖境，因此，这些地方至今仍以产蚝著名。蚝虽是天生的，但今日我们所吃的蚝，多数都是由人工养殖的。种蚝的地方称为蚝田，最理想的地点是咸淡水交界的海滨和小河口。今日我们只要到元朗去，就可以见到后海湾的蚝田。

蚝田为广东滨海居民利薮之一。广东滨海的田地，除了有盐田沙田之外，还有更古怪的"浮田"和"沉田"。浮田是指种植水蕹菜的田，因为种植水蕹菜的方法，是用竹片结成藤筏一样的东西，使它浮在水面，蕹菜就附着在上面。实际上是没有田的，所以称为浮田。种蚝的地方则称为沉田，因为蚝和蚬一样，都是养在水底泥滩中的，水面上根本看不见什么，也没有界限，所以称为沉田。

沉田虽看不出界限，然而各有各的范围。因为这是海滨居民终年衣食所寄，绝对不容他人侵越。从前乡下人时常发生械斗，有时就是为争夺蚝田蚬塘而起。

人工种蚝的方法，乃是从母塘中将附有蚝卵的砖块，移到新塘内，使它繁殖。《新安县志》云：

蚝出合澜海中及白鹤滩，土人分地种之，曰蚝田，其法烧石令红，投之海中，蚝辄生石上。或以蚝房投海中种之，一房一肉。潮，长房开以取食；潮退，房阖以自固。

新界的蚝田，多在咸淡水交界的海边或河口。因为这是养蚝最理想的地点。蚝田的底要砂石作底，同时还要杂有一些污泥。没有污泥，蚝便不容易肥，但是污泥太深了，对于蚝的繁殖又有妨碍，蚝怕风又怕日光，因此，蚝田的方向最好能避风。翻江倒海的飓风，对于蚝田是最大的损失，水太浅了使塘底的蚝直接暴露在太阳光下也不行。新界的养蚝人经常将砖瓦、陶器的碎片以及空蚝壳倒入田底。这是蚝的最好的"家"。他们将砖块火烧红了然后投入，说是容易生蚝。我以为这作用是杀死附在砖石上的其他寄生物的幼卵，以便蚝产卵其上，不受侵害，自然更容易繁殖。蚝可以有八年至十年的生命，养了五年，采起来的蚝，最为肥美。

蚝是很娇贵的生物，它们怕风怕日光，又怕潮水和雨水。新界的养蚝人最怕连绵不歇的倾盆大雨，因为雨水一时落得太多，使蚝田里的水立刻变了质，会促成蚝的大量死亡。此外，蚝田里又出产一种螺一样的小虫，它们能分泌一种毒液使蚝麻痹死亡，是蚝的最大的敌人。海边还有一种鱼名叫鹰头鱼，它们也是专门以蚝为食料的。海星也是蚝的对头，它们能抱住蚝壳，以吸力使它张开，然后卷食里面的蚝肉。

采蚝的方法很别致，他们用一种像泥橇一样的工具，形状如一个"上"字，是用一横一直两根木头构成的。他们一只脚跪在横木上，手扶着直木；另一只脚踏在水中，这样在海滨泥滩上如飞的滑行。海滨居民称这工作为打蚝。打蚝的多是妇女，广东民歌中有一种打蚝歌，便是在海滨打蚝时唱的。

蚝有大小，小的不堪供食用的蚝，在香港海边随处可见，附生在礁石上甚至码头木桩上的那些灰白色的碎石一样的东西，就是小的蚝房。蚝是互相连结生在一起的，所以称为蚝房，古时又称蛎房。它们能随着潮水的涨落来开闭。蚝壳非常坚利，在海边游水很容易被蚝壳划破脚底或是擦伤皮肤。广东许多地方都用成块的蚝壳调了石灰来砌墙，不仅经济耐用，太阳照起来还闪出珠光，非常美丽。

本地既然出产又肥又大的生蚝，可是却不喜欢像欧洲人那样将它们生吃的原因，据说乃是因为认为蚝性寒，不宜生吃。不过，在生蚝上市的时候，为食街和大笪地街边的酥炸生蚝，一毫可以有两只，实在是最为大众美食家所欢迎的美味。笔者虽然不是老饕，有时也几乎很难抵御那香气的诱惑。

——《灵魂的归来》

历代诗歌选

初南食贻元十八协律

（唐）韩愈

鲎实如惠文，骨眼相负行①。

蚝相黏为山，百十各自生②。

蒲鱼尾如蛇，口眼不相营。

蛤即是虾蟆，同实浪异名③。

章举④马甲柱⑤，斗以怪自呈。

其馀数十种，莫不可叹惊。

我来禦魑魅，自宜味南烹。

调以咸与酸，芼以椒与橙。

腥臊始发越，咀吞面汗骍。

惟蛇旧所识，实惮口眼狞。

开笼听其去，郁屈尚不平。

卖尔非我罪，不屠岂非情。

不祈灵珠报，幸无嫌怨并。

聊歌以记之，又以告同行。

【注释】

①《吴录地理志》："鲎形如惠文冠。"《岭表录异》："鲎眼在背，雌负雄而行。"

172

②《岭表录异》："蚝即牡蛎也，初生海边，如拳石，四面渐长，高一二丈者，巉岩如山。"

③《本草注》："青蛙、蛙蛤、长脚蠼子，皆虾蟆之类。"

④有八脚，身上有肉如臼，亦曰章鱼。

⑤马甲柱，即江瑶柱。

食蚝

（宋）梅尧臣

薄宦游海乡，雅闻靖康蚝。

宿昔思一饱，钻灼苦未高。

传闻巨浪中，碨磊如六鳌。

亦复有泅民，并海施竹牢。

掇石种其间，冲激恣风涛。

咸卤日与滋，蓄息依江皋。

中厨烈焰炭，燎以莱与蒿。

委质以就烹，键闭犹遁逃。

稍稍窥其户，清澜流玉膏。

人言啖小鱼，所得不偿劳。

况此铁石顽，解剥烦锥刀。

戮力效一饱，割切才牛毛。

苦轮攻取难，饱食未能饕。

秋风思鲈鲙，霜日持蟹螯。

修靪踏羊肋，巨脔剚牛尻。

盘空箸得放，羹尽釜可燎。

等是暴天物，快意亦魁豪。

蚝味虽可口，所美不易遭。

抛之还土人，谁能析秋毫。

和韩南食

（宋）王十朋

海错千万族，惟蚝不能行。潮来腹自饱，亦足遂厥生。

翻笑鱼蟹虾，晨夜何营营。风味与江瑶，可以次第名。

荐身炮炙间，壳破材始呈。北客昔南食，一见生怪惊。

故人居海滨，群鲜厌庖烹。酷爱此味真，不假姜桂橙。

遥怜山间友，混迹黎与骈。蔬肠久不饱，肌骨尪且狞。

巨房饷馋腹，一笑百念平。岂为饮食欲，实见亲旧情。

谁知齑盐馀，盘餐味常并。故乡实堪恋，未用图西行。

绍兴中，予初仕为宁德主簿，与同官饮酒食蛎房甚乐，后五十年，有饷此味者，感叹有赋，酒海者，大劝杯，容一升，当时所尚也

（宋）陆游

昔仕闽江日，民淳簿领闲。同寮飞酒海，小吏擘蚝山。

梦境悠然逝，羸躯独尔顽。所嗟晨镜里，非复旧朱颜。

食蛎房

（宋）杨万里

蓬山侧畔屹蚝山，怀玉深藏万堑间。

也被酒徒勾引著，荐它尊俎解它颜。

食蛎房

（宋）刘子翚

蛎房生海壖，坚顽宛如石。

其中储可欲，虽固必生隙。

嵌岩各包藏，碨砢相附积。

终逢霹雳手，妙若启扃锸。

钻灼谅难堪，曷不吐余沥。

南庖富腥盘，岂惟此称特。

吞航大绝伦，梯阘万夫食。

针鳞九牛毛，小嚼逾千百。

光螺晕紫斑，蟹膏湛金色。

水母脆鸣牙，章举悬疣密。

乌黏力排桀，贴石不可索。

妾鱼戏浮波，媚鮕雌雄匹。

蟹躁辄横弩，鳌缩常畏出。

车螯不服箱，马鲛非骏迹。

江瑶贵一柱，嗟岂栋梁质。

骨柔竞爱鲅，多鲠鲡乃斥。

蚶虹鲑赤文，肉黑鱼之贼。

鲦鳠鳗鲤鳗，鳣鲔鳅鲂鲫。

鳙庸而鱼少，琐冗难尽述。

包涵知海量，长养荷天德。

贪生族类繁，失地波涛窄。

网毕人创祸，甘鲜已为厄。

纷然均可口，流品当别白。

微物傥见知，捐躯不足惜。

萧海钓寄蛎黄上元日出以飨客因赋一首

（明）李东阳

薄筵无物荐清宵，黄蛎分香味颇饶。

腥带海风崖际出，冻随春雪酒边消。

东关地僻劳相寄，南客方传始解调。

不有可人佳赏在，一春诗兴又萧条。

畲宗汉令君谢全椒事归作汗漫游者二十载曩岁以四律寄我方在斋居不能为和今岁复携七绝句见赠一谈而别辄依数报之（其六）

（明）王世贞

十八娘红生荔枝，蚝房舌嫩比西施。

更教何处夸三绝，为有畲郎七字诗。

筑室

（明）陈献章

辛勤结吾庐，经始算一策。

广狭更度量，卑高在平秩。

堂以备荐享，阁以邀风日。

前榜贞节门，后治渭川室。

四垣谢粉饰，牡蛎高为骨。

仰瞻势微峻，其间仅容膝。

既以储简编，犹堪敛袍笏。

是年秋在仲，筮日欣得吉。

良友交助余，众工告易毕。

把酒对梅花，浩歌新突兀。

江村

（明）黄衷

篁溪遥引蓼花洲，长爱江村迥复幽。

处处短垣团牡蛎，家家生事计扶留。

鸣鸡惯报潮来候，过雁初惊木落秋。

选胜欲栖虚白室，未应群盗动乡愁。

牡蛎墙

（明）李之世

南海天连水，人家半水乡。祇疑鲛伴室，翻讶蛎同房。

片片藏鳞甲，层层缀雁行。千寻能拔地，百堵欲延冈。

巧乃矜时匠，输宁测海王。年深侵薜荔，月影拂桃榔。

米臼春鱼骨，山瓢酌蟹筐。异方无不有，惯习转为常。

赋得牡蛎墙

（明）林枝桥

个个水仙甲，层层叠砌安。

笼烟银色界，簇粉白旃檀。

藓积蜂房翠，苔侵鹤翅瘢。

那堪闺阁夜，斜照月明寒。

岭外归舟杂诗十六首（其二）

（清）朱彝尊

蛮江豆蔻一丛丛，牡蛎墙围半亩宫。

贪看河头采珠女，轻帆不趁酒旗风。

海味

（清）屈大均

海味沙螺美，河豚好在秋。

白怜蚝粉嫩，黄爱蟹膏流。

鱼买多论斗，禾储少满篝。

舟中无事忽忆故乡海错之美因疏其状戏为俳体（其四）

（清）宋琬

蛎黄生海滨石上，戴壳为屋，累累如蜂房。渔人于潮落时以针敲其罅而取之，投釜中一沸而熟，益以姜桂，味甘而不腻。吾邑邢村一带所产甚夥，然不若登郡之肥美，大者如鸡卵也。莱州之东有神山，予幼时尝登其巅。石上蛎房栉比，乃悟海水桑田之说，未尽虚诞，然岁久不腐，其殆化为石也软？

悬崖簇簇缀蜂房，醒酒偏宜子母汤。

何物与君堪娣姒？江瑶风味略相当。

院长饷新年食物兼示四绝句次荅

（清）查慎行

半壳含胎剖蛎房，鲜宜糟压嫩宜汤。

黄封拜赐连朝醉，特试先生醒酒方[①]。

【注释】

①蛎黄瀹汤可以解醒。

广州竹枝六首（其四）

（清）王士禛

佛桑花下小回廊，曲院深深牡蛎墙。

细爇海沉银叶火，金笼倒挂试收香。

初入粤食蚝几至委顿柬林秀才

（清）彭孙遹

偃鼠何须设大烹，巨蚝几欲困吾生。

应缘误读钟岏议，遮莫空耽尔雅名。

题沈周写生各种·牡蛎

（清）爱新觉罗·弘历

蛎房坚似石，附积或如山。

闭口深藏汁，自固计图安。

以其有可欲，锥刀终致钻。

佐饭解朵颐，醒酒回赪颜。
诗实尧臣好，寓意别有道。

洗桐限韵

（清）邓廷桢

琴材百尺午阴凉，清閟堂西牡蛎墙。
政恐元规尘易污，那容飞燕唾留香。
寒泉洒叶流新翠，细雨霏花濯淡黄。
不是畸人矜洁癖，要看鸣凤下朝阳。

临江仙·广州舟中作

（清）文廷式

岭表寻春春景异，木棉处处开花。
橹声人语共咿哑。
蛮神依柽栝，水市足蚝虾。

一曲招郎才调好，闲听疍女琵琶。
剪风丝雨送归鸦。
近来性情别，不吊素馨斜。

月下笛·冼玉清教授以蚝豉酥皮豆蓉饼杏仁饼鸡旦糕杂装一盒见贻。谱此代谢柬

杨玉衔

撑腹书虚，董肠醴薄，怎支吟力。

高歌堕帻。

听瓶笙，动茶癖。

胸中块垒蚝山结，换米帖、都成鸡肋。

惜花村沽远，调莺蒸鸭，闭户秋寂。

门啄邮筒入。

睹巧月玲珑，腻云堆积。

酥醐味蜜，胡麻京样新出。

居然动我题糕兴，青鸟护、红巾密幂。

读饼说笑吴均，玉屑金泥仅识[1]。

【注释】

①白居易《寄胡饼与杨万州》：胡麻饼样学京都，面脆油香新出炉。

谢小嫏环主惠蚝油

余菊庵

此物原宜侑炙豚，承君厚意赐盈尊。

屈才深为蚝油惜，小碟盛来点菜根。

街头早

吴金水

肠粉蒸来唤客忙，煎蚝笋粿满街香。

有人更买新鱼饭，归与全家共品尝。

深圳蚝歌

——报载，深圳沙井蚝2005年春将从蛇口后海消失

李春俊

一

海与大地抚摸时的灵感，

海与大地碰撞时的精血。

咸淡水交汇处，

厚厚的淤泥上养出鲜嫩的珍贵之物。

粗砺坚硬的外壳，

内壁光洁，有着晨曦与晚霞的色泽。

肌肤滑嫩，细腻，柔软，

仿佛被薄云衬托的月儿，有些洇晕。

安宁明朗地躺在暮霭里的天空。

以一种奇妙的方式，

诠释人与土地的关系

人与大海的关系。

蚝的腥鲜味是空气中的氧，

从沙井到蛇口，飘荡在沿海的滩涂。

蚝田一次一次被潮水覆盖，

蚝排也曾被台风打散，

养蚝人的灵魂长眠在冰冷的咸淡水里。

他们的孩子又继续行进在滩涂，唱道：

"冬至到清明，蚝肉肥嘟嘟。"

驳种、列蚝、开蚝。

三年的光阴很重，回家的蚝船很轻。

霞光中，涌边的林带被炊烟笼罩，

粗糙的手上有温柔的吻痕。

不能说一切都美好，其实，拥有片刻幸福的

可能是真幸福。比如丰收的时候，

比如团聚的时刻；比如在傍晚，

用家酿的米酒醉倒夕阳，

鲜甜的蚝，舞蹈在沸腾如莲花的开水里。

苦难从来不是耻辱的印记，

最艰辛的过程，充满意味。

痛苦过后，甚至死亡过后，

蚝，总以其甘美滋养生活的快乐

和活下去的希望。

作为"移民"的蚝，历经几百年的精心培育，

与这块土地、这片海融为一体。

尊敬是必须的——

如果积聚了几十代人的血汗，

如果镌刻了千百年的祝愿。

它以微渺之躯凝聚精神，升华冀盼——

庸常日子，它是富裕甜美的标志，

游子心里，它成了故乡的象征；

它是荣耀，高悬于人和城的历史。

二

喜欢翻阅有关深圳风物的典籍，

无论是刻有九九乘法口诀的先秦墓砖，

无论是伶仃洋上文天祥的吟哦，

无论是珠江口抗英的烽火，还是三洲田的号角，

珍藏在里面的

是这座美丽城市的深度和厚度——

有如绿色的叶子能沉静浮躁的风，

有如温暖的火焰融化冷漠与隔阂，

家的氛围里长出安谧之梦，

这世界才饱满丰盈。

我更愿意亲历，以我的身躯感受

蚝，沙井蚝。

漫步在沙井的田陌，伫立于废弃的码头，

池塘边仍有堆积的蚝壳；

老街的樟树下

古老井台留下井绳的勒痕，

洗濯鲜蚝的井水至今清甜。

也曾在合澜海飘着污油的波浪里

回望工厂林立、被烟雾笼罩的陆地，

看不见出了孝子黄舒的参里山，

也看不见高高的凤凰山，

天空的蓝色，阳光的灿烂。

飘荡着荔枝香的小院子没有了，

搬了一次二次三次家，旧的东西全扔了；

人们住进别墅式的洋楼，

享受着新时代给予的一切：

快活地吃，安宁地睡，没有衣食之忧。

他们从高高低低的工厂走过时，有充分的

自豪与自傲，

这是崭新而舒适的家园，

从来没有如此好过的家园，

的确，还能要求什么呢——这是几千年的

梦想啊，

如今成了可触可摸的现实。

幸福地活着，这是谁也不能剥夺的权利——

但是，但是……

什么时候——

从茅洲河到合澜海，曾经清澈的水流

乌黑发臭，

在楼房工厂之间，蚝壳砌成的墙壁早已坍塌。

发菜蚝豉——发财好事，酒楼里苍白的蚝肉，

张扬着的

是工业的味道，都市的味道，

财富与欲望的味道。

车水马龙的街衢与急速扩张的厂房

真如深渊，会把蚝田，把菜地彻底割断，

只剩下残梦萦绕在未眠人的眼前。

有好多次，带着女儿

经过"海上世界"到后海蚝田呆坐，

黑色的蚝排如海上雕像，

燃烧在波光粼粼的夕阳里，

背景上隐现香港连绵的群峰与高楼，

白色的飞鸟跟随着徐徐驶过的船只。

养蚝人带着满身的晦腥将沉重的蚝排

扔到岸上，蚝壳如山。

劳作在繁华都市的一隅，这些景象

真实而亲切，

是其他地方，其他场面所没有的，无法替代的；

像是无声的寓言，又如生动的童话。

豪雨忽至，躲避进一艘破烂的蚝船，

风雨飘摇，在浓重的蚝的气味里看世界，

世界小了，小成了这只蚝船——

在眩晕中，它仿佛带着我驶进了很远的地方，

那里全是沙井蚝，全是兴高采烈的人们……

这只是奇怪的片刻，却一直定格在眼前——

它曾经是这里的真实吗？我问自己。

那些奇异的欢乐肯定留在这里了，

在这样的都市里，它们的魂儿无处可去。

三

我认识一些在蛇口后海坚持的勇者——

沙井的养蚝人，

他们生为蚝生，死为蚝死，

"不养蚝了，怎么能再叫蚝民！"

沙井不能养蚝了，

深圳不能养蚝了，

他们到惠东去了，

他们到台山去了。

他们运回肥嘟嘟的蚝在深圳卖。

他们对那些声称这不能算是沙井蚝的人反驳说：

"是沙井人养的蚝，算不算是沙井蚝！"

被尊为蚝王的陈沛忠，

一生与蚝为伍，

人说：蚝是他的命，

他说：为了蚝他连命可以不要。

他给我品尝过鲜蚝的独特吃法，

那天，他提了一红色塑料桶鲜蚝，

还有几瓶矿泉水。在鲜甜的气息里，他宣布：

"一半爆炒，一半白灼。

我用的方法是最简单的，也是最美味的。

白灼只加点葱段与姜丝，用姜末、蒜蓉做蘸料；

而爆炒只用姜片，当然，关键在于火候。"

我承认，那是人间的极品。

只有毕生坚持挚爱一种事物的人，才可能

洞察内里，直截了当，掌握秘密。

然而，有的秘密在发现之时已经过期。

也许陈沛忠们就遇到这样的命运。

"现在深圳不能养蚝了，只能去别处

'三来一补'啦。"

陈沛忠有如带着情人闯天涯的骑士，

可他却不是堂·吉诃德，

沙井蚝也不是那支挑战风车的长矛。

我一个人的由衷敬佩抹不去陈沛忠们的

落寞。

总是这样么？

简单的蚝、简单的美如同空气，

人们很难看见，也不会放在心上。

街道那边的酒家，

推出的二十八种蚝的食法正卖得火爆，

据说可以申报上海的吉尼斯世界纪录。

而深圳地王大厦旋转餐厅，

有一百多种世界各地的蚝，被称为牡蛎，

半裸了躺在晶莹的冰上，等待食客。

时尚之地当然少不了蚝民的儿女，他们约会，

拉着伴侣的手，在深圳最高处，比赛

谁可以吃下一打生蚝。

染成金色的头发熠熠生辉。

在这样的高度，听不见陈沛忠们的叹息，

其实，叹息又如何，日子继续。

报纸说，更好的未来人人可期。

四

沙井蚝就要没有了，

沙井的养蚝人老了，

去台山或惠东的养蚝人能有几个？

从这里消失真的是它唯一的命运？

小小沙井蚝当然没有抵抗的权利，

挡不住历史的去路。

它也不知道，为了赶路，

人类丢失了多少事物，

道路没有尽头，

丢失也成了习惯，成了可以张扬的美德。

到深圳十来年，

我不能说沙井蚝与我的生活无关，

但是，也真谈不上有什么关系。

一种不能说话的贝类从这座城市消失，

可能抵不上一家企业倒闭，不会占据报纸的

版面。

可我却真的感到痛。

到底消失了什么？这么痛！

也许消失是正常的，到别处去也是正常的，

正如还会有新的事物从别处来。

可是，我惊惧于那些冷漠，厌倦，无所谓，

甚至急于摆脱这些词的表情。

很想告诉我的女儿，

看着美丽的事物远去不是罪，

但人们必须有担当的勇气，

这种担当没有终止之时。

此刻，我忧伤地面对后海。

深圳，这座年轻的城市使我格外苍老。

沙井蚝，海中的牛奶，给人以精气神的健康珍品，

像是在珠江口，在咸淡水交汇处不停跳动的心。

它消失之后，谁来替代？

谁在蛇口的后海

把望最后一抹夕阳，将哀歌唱响？

（2005年元月，深圳宝安）

沙井蚝

谢逢松

沙井物产丰，最美是沙蚝。

三秋食三百，冬至少穿袍。

沙井蚝赋

陈聚仁

蚝者，好也。素称至美之物，庶民津津乐道。其固肉嫩味鲜，复营养极高，所以滋脾强肾，是故益智健脑，犹能润肤而葆颜，以致壮体而抗老。春夏食之，荣元而安脉；寒冬佐餐身暖而燥。多有故事传说，仙姝别离琼瑶。结良缘，安家南溟；偕夫君，精心养蚝。回首千秋蚝业，人民竭尽辛劳。终岁奉呈心血，长年搏击风涛。致使名扬海外，乃树珍品高标。故又谓蚝者，豪也：沙井香蚝固为南国之骄，亦足堪古镇自豪，而为男女老少食之宝也。

建厂五十年，岁月焕新貌。今日之蚝乡，拥三才而掀热潮。百业繁荣昌顺，沙井益显富饶。养蚝亦宏开骏业，名牌美誉更高。技术改良，蒸蒸日上；市场拓展，频频畅销。欣瞻前程似锦，同心共架金桥。美也哉！万里东风春满苑，大鹏展翅摩重霄。

登凤凰山有感

黎榜林

倚松远眺浩珠江，云天霞水两茫茫。

水中生物知多少，驰名遐迩牡蛎皇。

今又抚松望珠江，依然云水两茫茫。

水中生物何处去，只剩东流诉沧桑。

忆做蚝

黎榜林

每年的白露后，要从南头海等养蚝生长区，将够育肥规格的大个蚝，搬运到沙井茅洲河至大岗山边的大片海面放养育肥，蚝民对这搬蚝工作，寄以丰收厚望，上下全力以赴，海上千帆竞逐，人人雄心壮志，像是一年之计在于秋。

梧桐黄叶又秋风，百舸扬帆逐浪中。

搬蚝蛎子千万井，豪情满怀志气雄。

擢蚝（采蚝）

蚝民

改革开放后，我们亲自到香港买回潜水保暖衣，在寒冷的冬天采蚝很舒服。不过，在以前采蚝就是一项非常艰苦的工作，在冰天雪地季节，赤裸身体，潜入海水，要采满一船蚝回来，确实不易，经常冷到牙关紧闭，肌肉震抖，晕晕沌沌。

一

数九寒天采蚝天，无奈裸体海水潜。

咬碎银牙仓未满，颠颠抖抖谁可怜！

二

一夜北风掠重洋，索暖何须加衣裳。

卧水求鲤勤世话，雪水捞蚝实寻常。

三

朔风夜不停，落叶知多少。

户闭犬不鸣，路上行人渺。

队长叫擢蚝，社员士气无。

刺骨寒霜水，谁个不耸毛。

开蚝

欺软不可取，碰硬正气概。

手指划出血，尖啄变钝槌。

撬开坚硬壳，取出白胎胎。

一经厨子意，味鲜香又脆。

风雨夜开蚝

蚝民

有时开时要计数量，讲任务，就要快啄快撬，费力又危险，经常划伤手脚，血流无止。有时要在天亮前赶市，在午夜开工，腊月寒冬，霏霏冷雨，也身穿雨衣，肩挑灯火，瑟瑟缩缩地赶赴开蚝场。

天底黑墨挑灯来，朔风飘雨入骨髓。

手脚僵似出库肉，蚝壳轻点痛泪垂。

搭山口

蚝民

原来我们的祖先，早就识得利用"三点成一线"的道理记录蚝田的交界。

茫茫大海接蓝天，水下尽是养蚝田。

阡陌田畴何界示，叔伯遥指高山巅。

筏育肥蚝

蚝民

筏育肥蚝有增肥易、质量好、收获方便等许多优点，也有材料多、成本高的缺点。所以，改革开放前虽然试验成功，但由于成本高，无法推广。改革开放后，蚝货可运到香港卖得好价，就抵销了成本问题。所以很快便大面积推广，使整个海面，浮筏连绵，蔚为壮观。我们在20世纪70年代试验成功的浮筏育肥蚝，现在已经在两广各地蚝场广泛使用。

静似轻舟浮水面，动若游龙舞天边。

排排串串延数里，疏疏块块垂一线。

秋海咸潮水藻茂，冬日勤船蚝忙天。

科技精耕扬素质，特产声名稳在前。

大洋小景

黎榜林

我们经常在此做蚝生产。从沙角海至伶仃洋这片海区，有时也有一些值得留意的景色。

夕静

以前都是用帆驶船，在冬季的傍晚，有时极之静风，海平面如同铺着一块彩色的大玻璃画，耳畔听到各船之间咿咿呀呀的桨橹声。

万里彤云耀海洋，四处炊烟劲直上。

大船悬幌走不动，小船拼命用橹桨。

浪

大风大浪的日子，渔船都泊入避风，渔民在海边的茶楼饮茶，饮酒，谈天说地，讨论着这大风大浪的天气何时停止。

一

风潜涌底叠峰麓，极目蓝天觅边幅。

前驱何惧礁与矶，粉身碎骨谁畏缩。

二

远看天涯近看边，连绵群峦冰雪巅。

水族归隐深宫去，渔人把盏广谈天。

登高

在生产的空隙，爬上海边的山上看一下风景也心旷神怡。

踏石上南山，俯首看蚝田。

舟楫点麻豆，浮云若炊烟。

雾江

春天，经常"雾锁春江"，这时正好是小渔船网浮水鱼的好机会。海鸥找不着鱼虾，叫声好像特别悲哀。

漫漫轻纱落江潮，太阳倦睡懒掀撩。

群山谁个分高矮，号响哪知大小船。

勤力渔民忙布网，慢桨无声细力摇。

可怜鸥鸟难辨觅，哀哀怨怨饿一朝。

强风到

强风寒潮到来，有无数的水鸭、大雁、禾花雀，甚至巨大的海塘鹅，飞来沙井蚝塘避风、游弋、觅食。很多风帆渔船在抱赶鱼群，大风时只升一节幌，便驶得飞快。

泼墨飞云天距近，候鸟惊迁群接群。

艄公急降半桅幔，极目海际尽堆银。

踏板寻鱼

海边的人，踩一张木板（泥马）便可以飞快地在潮水退去的滩涂上来往自如，捞蚝，捕鱼虾、义蟛，等等，非常本事。

手扶木架脚踩坭，十里滩涂任往归。

潮声远去鱼虾浅，返来又是满箩筛。

随笔

陈绍筹

两百多年业蚝乡，每年皆赖蚝充肠，沙井蚝质鲜肥美，啖后犹感齿留香。须知做蚝艰辛苦，所付心力斗难量，劝喻当盛红男女，勤俭持家胜铺张。

我辈生于沙井乡，乡风假我以文章，不论水陆诸君子，勿恋蚝豉中外传。拾蚝就工诚可贵，带动百货商贸坊，经济飞腾人欣羡，国强家富志昂扬。

沙井蚝米乡，今日工商镇。屡见新猷创，经济更飞腾。民丰且物阜，高矮树楼群，百花齐盛放，咸赖党之恩。

深圳湾（外一首）

罗少龙

当一个城市静下来的时候

这湾海水满了

……………

我看见蠔在继续生长

花在继续开

还有路边成群结队

抱团取暖的猫和流浪狗

……………

而我一个人

静静地泡一杯茶

一饮而下

茶水

浸满胸腔

如海潮……

（写在2020年春节）

海湾·随想

罗少龙

这个春天

一直到这个夏天

我在

这个

深湾的

海湾

大部分时间

很静

静得

听得见

风拍打着

花瓣的声音

还有

云被推开后

夕阳洒落在

你身上

光的浪涛

礁石上已长满了

蚝

几行脚印

伸向远方

海浪

送来了

几颗

红树的种子

大部分时间很安静

安静地浮现起

我曾到过的
海滩

天涯海角
椰风吹来鹿回头咸咸的味道

符拉迪沃斯托克
深蓝下
几只白鸽俯视着赤裸双脚的俄罗斯少女

东山岛上风动石
似乎奏和着鼓浪屿悠漫的提琴节拍

海陵岛上摆开长长的筵席
千船竞发中仍听得见
阳江渔民豪气地吆喝

还有
清晨
金色的下川岛
一船船
鲜猛虾蟹在
沙滩上闪光
午后难得慵懒是那杨梅坑在你脚边游弋的
鲷鱼

这个春天

安静了

安静到听不到"山竹"的呼啸

和门框摇晃的惊悚

仿佛

海门莲花峰上

那刻着"终南"二字

仍闪着剑气寒光

古丝绸之路"南海一号"

那艘宋船

掉落宝石的金指环仍是千年之谜

仿佛

海面上

人声鼎沸

涯山上

陆秀夫背着宋少帝

纵身一跳

赤湾海面上

飘来一截皇帝的衣袂

仿佛那遇难落水的

渔民

向林默娘

发来千年的呼救

春江潮水连海平

一湾海水连波心

我安静了

安静得

感受到

这个洋水

千年的脉搏

和喜怒无常的脾气

我安静了

我沉默了

生怕扰了

那弹涂鱼和黑脸琵鹭的

一湾清梦

赠陈沛忠会长

罗少龙

蠔脉律动上下冲，

佑澜不息川流中。

沙窗饮茶心事沛，

宝地三庙话泰通。

渔民的乡愁

罗少龙

渔民的乡愁

是

这几枚小小的贝壳

它们

生活在海里

镶嵌在墙里

长在我心里